# Volkswirtschaftliche und soziale Auswirkungen des Betriebsrätegesetzes

Nach Erfahrungen
in Groß-Unternehmungen der Berliner
Metallindustrie

von

Dr.-Ing. Werner zur Megede

München und Berlin 1927
Druck und Verlag von R. Oldenbourg

# VORWORT.

*Die Interessengegensätze platzen nicht so roh, so einseitig, so blind aufeinander, wenn man sich regelmäßig ausspricht, wenn man gemeinsame Pflichten erfüllt, sich gegenseitig kennt.* *Gustav Schmoller.*

Die bei der Anfertigung einer Arbeit über die Auswirkungen des Betriebsrätegesetzes auftretenden Schwierigkeiten liegen in der Gefahr, daß durch unsachliche Verwendung des von den beiden beteiligten Parteien zur Verfügung gestellten Materials der Arbeitsfriede bedroht werden kann. Hierdurch erklärt sich, daß Arbeitnehmer und noch mehr Arbeitgeber sich bei Anfragen eine weitgehende Zurückhaltung auferlegen und im übrigen für die Verwertung des zur Verfügung gestellten Materials eine Verwendung ohne Namensnennung zur Bedingung machen. Von diesem Material ist daher nur in beschränktem Maße Gebrauch gemacht worden, nur dort, wo zur besseren Kennzeichnung der Erscheinungen Beispiele nicht entbehrt werden konnten.

Vorliegende Arbeit ist auf Grund von Besprechungen mit Arbeitgebern, Arbeitgeberverbänden, Betriebsräten und Gewerkschaften, insbesondere der Berliner Metallindustrie, entstanden. Es liegen ihr also in erster Linie die Berliner Verhältnisse zugrunde. Ferner ist die vorliegende Literatur, vor allem die reichhaltige Zeitschriftenliteratur, herangezogen worden, so daß sich ein Bild gewinnen läßt, welches das Wesentliche der Erscheinungen wiederzugeben vermag. Grundsätzlich läßt sich erkennen, daß, abgesehen von der Verschiedenheit der Menschen, nicht so sehr der Fabrikationszweig (die Branche), als vielmehr die Eigenart der Arbeitsbedingungen die jeweiligen Verhältnisse herbeiführt. Maßgebend ist die Art und Weise, wie sich die Menschen zur Arbeit zusammenfinden, sowohl in bezug auf das Verhältnis der Arbeitnehmer untereinander, als auch in bezug auf das Verhältnis zwischen Arbeitnehmer und Arbeitgeber. Z. B. sind die Verhältnisse in Großbetrieben meist andere, als in Kleinbetrieben. Wenn also die Berliner Metallindustrie die Grundlage vorliegender Untersuchung bildet und dies ausdrücklich betont werden soll, so kann aber doch angenommen werden, daß die wesentlichen Ergebnisse dieser Untersuchung für das ganze Betriebsrätewesen allgemein Gültigkeit haben, mit Ausnahme einiger Wirtschaftsgebiete, die eine Sonderstellung einnehmen, wie z. B. in Rheinland-Westfalen durch den größeren Einfluß der christlichen Gewerkschaften.

Selbstverständlich für eine wissenschaftliche Arbeit ist, daß auch auf Gebieten, die wie das Betriebsrätegesetz zu heftigen parteipolitischen Auseinandersetzungen geführt haben, eine parteipolitische Stellungnahme ausgeschaltet wird, d. h. daß nicht einseitig nur ein Teil des Materials verwendet werden darf, um eine vorgebildete Meinung zu belegen, sondern daß in gewissenhafter Weise das gesamte Material heranzuziehen ist, von dem ausgehend sich dann die Folgerungen in strenger Notwendigkeit zu ergeben haben.

Seit dem Bestehen des Betriebsrätegesetzes sind erst 7 Jahre vergangen. Es handelt sich um ein Gebiet, auf dem man allgemeine Erfahrungen noch nicht gemacht hatte. Daher ist die Zeitspanne zu kurz, als daß man sich der Erwartung hingeben könnte, daß die 7 Jahre auch nur annäherungsweise abschließende Erfahrungen zeitigen konnten. Um so weniger als der Verlauf dieser Jahre in wirtschaftlicher Hinsicht ein anormaler ohne Beispiel war. Die Erscheinungen im Betriebsrätewesen sind mannigfaltiger und oft widersprechender Art. Es läßt sich aber erkennen, welchem Ziele der Lauf der Dinge hinstreben kann, wenn eine gesunde Weiterentwicklung nicht gewaltsam unterbrochen wird.

Herrn Professor Dr. Hanns Dorn, Technische Hochschule München, bin ich für seine Anregung zu dieser Arbeit zu großem Dank verpflichtet.

Berlin-Nikolassee, im November 1926.

Der Verfasser.

# INHALTSVERZEICHNIS.

# I. Die Entwicklung des Betriebsrätewesens.

## *1. Der Betriebsrätegedanke.*

Die radikalen Sozialisten bemühen sich, die Betriebsräte auf die russische Revolution 1917 zurückzuführen. Auch Kaliski, der der revisionistischen Richtung angehört, sagt[1]), der russische Ursprung des Rätesystems sei unbestritten, die Revolution von 1905 sei als der Schöpfer des Rätesystems zu bezeichnen, der Rätegedanke sei von Rußland nach dem Westen herübergesprungen. Hans Vogel[2]) macht sogar den Versuch, auf die französische Revolution zurückzugehen.

Aber weder die russischen Revolutionen, noch die französische Revolution von 1789 können als Schöpfer des Rätegedankens gelten. Denn in diesen Revolutionen führten ganz andere Gründe zur Bildung von Ausschüssen und Räten, als es die sind, denen das Betriebsrätegesetz seine Entstehung verdankt. Nach der Erstürmung der Bastille ließen sich die Behörden nicht mehr blicken. „Das Bedürfnis der privaten Sicherheit rief dann, wie in Paris, aller Orten permanente Ausschüsse in das Leben, selten durch regelmäßige Wahl der Bürger, meistens durch Zuruf oder eigene Machtvollkommenheit ernannt. Diese brachten, von den Nationalgarden unterstützt, in den meisten Städten eine leidliche Ordnung zustande“[3]). Man kann diese Ausschüsse nicht als Vorläufer der modernen Betriebsausschüsse ansehen. Sie waren aus dem Bedürfnis der privaten Sicherheit heraus entstanden und traten an die Stelle der von der Bildfläche verschwundenen Regierungsgewalten. Anders lagen die Verhältnisse in den russischen Revolutionen. Die Arbeiterräte der russischen Revolutionen hatten sich infolge des Fehlens legaler Arbeiterorgani-

---

[1]) Soz. Mo.Hefte 1919, S. 229.

[2]) Hans Vogel, S. 8.

[3]) v. Sybel, Bd. I, S. 62.

sationen im zaristischen Rußland gebildet. Aber sowohl die französische als auch die russischen Revolutionen hatten die Beseitigung und nicht die Verbesserung des bestehenden Regierungssystems, eines auf die Spitze getriebenen Absolutismus, zum Ziel. Und die Losung ihrer Organe konnte nur das moderne Wort: „Alle Macht den Räten!" sein. Insofern könnte aus der französischen oder russischen Revolution der Ursprung des radikalen, revolutionären Rätegedankens abgeleitet werden. Dieser ist aber weiter nichts als der Ausklang der Herrschgelüste einer unterdrückten Klasse, wie er in jeder Revolte und Revolution der Weltgeschichte zu finden ist, und hat mit dem Betriebsrätegedanken recht wenig zu tun. Auch von sozialistischer Seite wird hierauf ganz klar hingewiesen. So sagt Max Cohen[1]), daß die Bolschewisten die Räteorganisation übernommen und dann zerstört haben.

Als Grundlage des Betriebsrätegedankens kann man nur die Ideenrichtungen ansehen, die eine Umwandlung der Fabrikorganisation zum Ziele haben. Das sind die demokratische Richtung, die Richtung der sozialen Reform und die Richtung des proletarischen Sozialismus. Als am Betriebsrätegedanken nicht mitwirkend ist der revolutionäre Rätegedanke anzusehen. Dieser greift erst sekundär in das Betriebsrätewesen ein. Er arbeitet auf die Zertrümmerung des Staates hin und will nach erfolgter Zertrümmerung von den Betriebsräten die Herrschaft übernehmen lassen, nicht aber weil sie dazu besonders befähigt sind oder diese Aufgabe eine logische Folge der Entwicklung des Betriebsrätewesens ist, sondern weil sie die Organe der Arbeiterschaft sind, die man nach Entrechtung der übrigen Klassen sonst erst errichten müßte, die zu errichten man sich nun aber ersparen kann.

Brigl-Matthiaß tut der revolutionären Rätebewegung, die auf ihre Fahnen das Wort: „Alle Macht den Räten!" geschrieben hat, zu viel Ehre an, wenn er sie mit zu den Komponenten rechnet, die zum Betriebsrätegesetz geführt haben[2]). Denn auch im Wortlaut des Betriebsrätegesetzes ist von der revolutionären Räteidee keine Spur zu finden, außer in der Tatsache,

---

[1]) Soz. Mo.Hefte 1919, S. 1043.

[2]) Brigl-Matthiaß, S. 1ff.

daß an Stelle des alten Wortes „Ausschuß" der vom revolutionären Sozialismus geprägte Ausdruck „Rat" im Gesetz angewandt ist, ein Opfer, das man in den bewegten Verhältnissen des Jahres 1919 der Straße bringen zu müssen glaubte. Diese Erkenntnis ist auch in Arbeiterkreisen zu finden. So wurde in der Fabrik von Heinrich Freese aus der Mitte des Betriebsrates heraus der Wunsch geäußert[1]), die an Rußland erinnernden Rätetitel durch andere zu ersetzen. Daraufhin wurden neben die gesetzlichen Bezeichnungen „Betriebs-, Angestellten-, Arbeiterrat" die Namen „Betriebs-, Angestellten-, Arbeiterausschuß" (nicht zu verwechseln mit der im Gesetz vorgesehenen besonderen Einrichtung der Betriebsausschüsse!) gesetzt, ein Vorgang, der aber nur durch die im Laufe der Jahre entstandene Tradition einer schon vor 30 Jahren freiwillig eingesetzten und mit weitgehenden Rechten ausgestatteten Betriebsvertretung zu erklären ist.

Unter den zum Betriebsrätegesetz führenden Ideenrichtungen, der demokratischen, sozialreformatorischen und sozialistischen Richtung, ist streng zwischen der demokratischen und der sozialreformatorischen zu unterscheiden. Bei der demokratischen Richtung handelt es sich um die Idee, welche die absolutistische Staatsform ablöste und den Staaten die konstitutionellen Verfassungen brachte. Ihre Charakteristik ist die Charakteristik des Individualismus: Freiheit, Gleichberechtigung und Mitwirkung aller (im Parlament), freie Bewegungsmöglichkeit. Bei der Übertragung dieser Forderungen auf die Verhältnisse des Betriebes wurden weitgehende Erwartungen gehegt. Man erhoffte auch, daß jedem einzelnen Arbeitnehmer bei vorhandenen Fähigkeiten eine leichtere Aufstiegsmöglichkeit geschaffen werden könne, als es im patriarchalischen System der Fall gewesen war, und daß hierdurch eine bessere Führerauswahl und damit eine Erhöhung und Verbesserung der Produktion erzielt werden könne. Der demokratischen Idee, welche die Worte „demokratische Betriebsverfassung" und „konstitutionelle Fabrik" prägte, liegt eine neue geistige Einstellung der sich zur Arbeit zusammenfindenden Menschen zugrunde, das Ideal der uneingeschränkten Freiheit des einzelnen Menschen. So wurde auch in den Motiven zum Entwurf einer Gewerbeordnung im Frankfurter Parlament, in der

[1]) Heinrich Freese, S. 43.

auch die Bildung von Arbeiterausschüssen vorgesehen war, als Grundgedanke besonders hervorgehoben, daß die Gewerbeordnung denjenigen, deren Lebensberuf auf diesem Gebiete liegt, die wahre Freiheit und den rechten Erfolg der eigenen Tätigkeit in fördernder Gemeinschaft mit anderen sichern solle[1]).

Anders sind die Beweggründe der sozialreformatorischen Richtung. In ihr finden sich die Bestrebungen zusammen, die auf eine Verbesserung der Verhältnisse hinzielen, welche die Einführung der Maschine in den Produktionsprozeß zur Folge gehabt hatte und die sich für das Proletariat besonders ungünstig gestalteten. Es werden den Arbeitnehmern Aufgaben übertragen, um die Beziehungen zwischen Unternehmer und Arbeitnehmer zu organisieren und hierdurch ein Mittel zu gewinnen, auf die sozialen Verhältnisse einwirken zu können. (Ständische Bindung!) Schon Sering zog 1890 den Vergleich[2]), daß manche damaligen Arbeiterausschüsse das Gepräge einer zeitgemäßen Fortbildung der alten Handwerksverfassung trügen.

Die dritte Richtung ist im Ideenkreis der sozialistischen Bewegung zu suchen. Ihr Kennzeichen ist der Gedanke der Mitwirkung und Mitbestimmung des Arbeiters an der Produktion. Durch diese Mitwirkung und Mitbestimmung soll es möglich sein, der durch die maschinellen Arbeitsmethoden entgeistigten Arbeit wieder geistigen Inhalt zu verleihen. „Die Hebung der Klassenlage allein (wie es das Ziel der sozialen Reform ist. D. Verf.) kann das innere Verhältnis des Arbeiters zur Arbeit nicht grundsätzlich neu gestalten. Dazu ist vielmehr notwendig, daß der Arbeiter, der bei moderner Methode nicht mehr materiell Schöpfer des Gesamtprodukts sein kann, dies um so mehr geistig wird: dadurch, daß er den Gesamtprozeß selber überschaut, seine eigene Arbeit als notwendigen Bestandteil dieses Prozesses empfindet und in ihrer Ausübung die Gesamtverantwortung für das Endergebnis mit übernimmt. Die Arbeit wird dadurch zu einem

---

[1]) Verh. d. Deutsch. verf.geb. Reichsvers. zu Frankfurt a. M., II. Bd., S. 946.

[2]) Sering, S. 11, wohl in Anlehnung an Lujo Brentano. Brentano hatte 1871 die englischen Gewerkvereine, die als unabhängige, „von aprioristischen Theorien freie“ Gewerkschaften wohl am besten charakterisiert sind, als Nachfolger der alten Gilden bezeichnet (Brentano I, S. 88ff.).

ethischen Faktor, hört auf ein bloßes Erwerbsinteresse zu sein. Das kann nur dadurch geschehen, daß die Arbeiter sich selbst in immer höherm Maß zu Produzenten erziehen und so auch immer entscheidender den Gang der Produktion selber bestimmen. Das wiederum kann nur kollektiv erreicht werden. Und in diesem Kollektivstreben findet die Einrichtung der Räte ihren eigentlichen Sinn"[1]).

Auch der Ausschuß für soziale Angelegenheiten der Verfassunggebenden Deutschen Nationalversammlung[2]) sagt in der Begründung für das Gesetz, „die Ursachen zum Betriebsrätegesetz lägen letzten Endes an der technischen Entwicklung, die den Arbeitsprozeß entgeistigt hat, in der Industrie sei der Arbeitnehmer mit seiner Arbeit nicht mehr verwachsen". Aber nicht nur die Entgeistigung der Arbeit, sondern nicht minder die allgemeinen Lebensverhältnisse des modernen Proletariats kommen als Ursachen für die Forderung der Mitwirkung in Betracht. In der Dorfgemeinde kann der Geselle „seine Kraft probieren und sich ausleben in seiner Arbeit, seine Arbeit wird ihm Kunst. Der Geselle teilt Freud und Leid des Hauses, und in der Dorfgemeinde, da gilt auch der Handwerksgeselle was. Man kennt ihn, man weiß, wer er ist, man weiß, was er schaffte, man weiß, was er kann. Der moderne Industriearbeiter aber? . . . Außerhalb der Fabrik weiß man nichts vom Arbeiter, man kennt ihn nicht, man weiß nichts von seiner Mühe, nichts von seiner Leistung, man achtet ihn gering oder gar nicht, er geht unter in der Masse"[3]). Vom Mitbestimmungsrecht verspricht man sich auch in dieser Hinsicht eine Milderung der sozialen Verhältnisse. Das Ziel der sozialistischen Komponente, die am Betriebsrätegedanken angreift, ist der Gedanke, „die Arbeiter zu Trägern der Produktion zu machen".

### 2. *Die alten Arbeiterausschüsse.*

Der dem Frankfurter Parlament vorgelegte Gesetzentwurf einer Gewerbeordnung kam nicht zur Ausführung. Erst sozialreformatorisch eingestellten Unternehmern war es vorbehalten, den Gedanken eines Fabrikausschusses zu ver-

---

[1]) Max Cohen, Soz. Mo.Hefte 1919, S. 1044.
[2]) Aktenstück Nr. 1838, S. 1901.
[3]) Winschuh, S. 39.

wirklichen. Die ersten Ausschüsse (Arbeiterausschüsse, Fabrikausschüsse, Ältestenkollegien) entstanden in den siebziger Jahren des vorigen Jahrhunderts. Gegen Ende der achtziger Jahre bildeten sich dann mehrere Verbände von Industriellen, die ihren Mitgliedern die Einführung von Fabrikausschüssen empfahlen[1]). Besonders aber zur Zeit der großen Ausstände von 1889 und 1890 wurden Arbeiterausschüsse errichtet, um dem Ausbruch von Zwistigkeiten vorzubeugen[2]).

Diese Arbeiterausschüsse waren aber von sehr verschiedener Gestalt. Sering unterschied unter den bis 1890 errichteten Ausschüssen zwei Gruppen[3]). Eine Gruppe, die er als Einigungsamt bei Streitigkeiten bezeichnete, bei der besonders vorsichtige Bestimmungen über ihre Zusammensetzung und den Wahlmodus zutage traten, deren Tätigkeit aber weniger in der Wahrnehmung ausführender Verwaltungsgeschäfte lag. Sie standen der Betriebsleitung in allen auf das Arbeitsverhältnis bezüglichen Fragen beratend und eventuell beschließend zur Seite, überließen dieser aber die Exekutive. Der zweiten Gruppe von Ausschüssen waren außer dem Vermittlungsamt noch eine Reihe von Verwaltungsgeschäften laut Festlegung in einem Statut übertragen, die sie selbständig ausführten, wie z. B. die Aufrechterhaltung der Fabrikordnung, der Sicherheits- und Sanitätsvorschriften usw. Die Ausschüsse der zweiten Gruppe sind aber auch in sich sehr verschiedenartig, da ihnen teils größere, teils geringere Machtvollkommenheiten eingeräumt waren. Zum Teil wurde ein erheblicher Teil der Ausschußmitglieder vom Arbeitgeber ernannt, und oft hatte sich der Arbeitgeber ein Vetorecht vorbehalten. Grundsätzlich hatten aber die Ausschüsse nicht den geringsten Anteil an der technischen Leitung der Produktion oder der kaufmännischen Geschäftsleitung.

Die erste umfassende Arbeit über die Arbeiterausschüsse ist die Arbeit, die Sering 1890 im Auftrage des Vereins für Sozialpolitik herausgab und die sich auf die Mehrzahl der damals

---

[1]) 1886 der „Bergische Verein für Gemeinwohl", 1887 der von Oechelhaeuser gegründete „Verein der anhaltischen Arbeitgeber", 1888 der „Fabrikantenverein für Hannover-Linden", ferner der katholische Verband „Arbeiterwohl" usw.

[2]) Sering, S. 7.

[3]) Sering, Einleitung, S. 1ff.

in Deutschland bestehenden Ausschüsse stützt. Die Erfahrungen, die man mit den Ausschüssen machte, waren recht gut, und das war auch der Grund, warum sich damals die Arbeitervertretungen durchsetzten. Freilich dürfen die damaligen Verhältnisse nicht übersehen werden. Es ist ein Unterschied, ob der Belegschaft gesetzliche Rechte zustehen oder ob die Rechte „aus Gnade des Fabrikherrn" bestehen, wenn auch dieser sie nur schwerlich, oder doch mindestens unter unliebsamen Folgen, rückgängig machen konnte. Daher ist es auch einleuchtend, wenn berichtet wird, daß es in dem einen oder anderen Betriebe niemals vorgekommen sei, daß einem Beschlusse eines Kollegiums die Genehmigung versagt worden wäre[1]), und daß in dem Statut die Rechte des Fabrikherrn stärker zum Ausdruck kamen, als dieselben in der Praxis geltend gemacht wurden[2]).

Nach der gesetzlichen Anerkennung der Arbeiterausschüsse durch Einfügen des § 134h in die Gewerbeordnung im Jahre 1891 wurden weiterhin zahlreiche neue Ausschüsse gebildet[3]). Die Ergebnisse waren aber viel weniger befriedigend als bisher. Die Ausschüsse sanken in ihrer großen Mehrheit bald zu einem Scheindasein und zu völliger Bedeutungslosigkeit herab. Heinr. Koch, der die Frage der Arbeiterausschüsse vom Stande des Jahres 1907 aus bearbeitet hat, sieht den Grund hierfür weniger im Wesen der Einrichtung als in der Schuld der beteiligten Faktoren, sowohl Arbeitgeber als auch Arbeitnehmer, denen es an wohlwollendem Verständnis und Interesse gemangelt habe[4]). Ganze Unternehmerverbände erklärten sich geschlossen gegen die Ausschüsse, sehr oft aus Furcht, daß die Arbeiterausschüsse sozialistischen Tendenzen leicht zugänglich sein würden und daß durch sie der Funke des Aufruhrs im eigenen Hause geschürt werden könne. Sehr interessant ist die Kochsche Beobachtung, daß in weiten Kreisen von Arbeitgebern das Mißtrauen gegen die Ausschüsse in dem Grade zugenommen zu haben schiene, als die Arbeiterorganisationen gewachsen seien, weil man befürchtete, daß diese die Ausschüsse ganz ihrem Einflusse unterstellen und die Gegensätze sich nur noch verschärfen würden. Die Interesselosig-

---

[1]) Sering, S. 14.
[2]) Sering, S. 12, ähnlich auch Oechelhaeuser, S. 21.
[3]) Koch, S. 19.
[4]) Koch, S. 18ff.

keit innerhalb der Arbeiterschaft erklärt Koch teils als natürliche Reaktion auf die ablehnende Haltung der Unternehmer, teils als Mißtrauen, weil die Arbeiter häufig zu viel von ihnen erwartet hatten, sowie als Mißtrauen gegen die Arbeitervertreter selbst (zumal wenn diesen sittenrichterliche Befugnisse zuerteilt werden sollten) und als Gleichgültigkeit und Indolenz der Arbeiterschaft, die vielfach auf Mangel an sozialer Schulung zurückzuführen sei. Trotzdem glaubte aber Koch auf seiten der Arbeiterschaft im Jahre 1907 ein unverkennbar größeres Interesse für die Einführung wie für die Tätigkeit der Ausschüsse feststellen zu können[1]).

Die Arbeiterausschüsse der Vorkriegszeiten sind vor allem aus sozialreformatorischen Bestrebungen entstanden, sie entbehren also der sozialistischen Komponente, die das heutige Betriebsrätegesetz kennzeichnet. Sie waren Einrichtungen, die nicht gesetzlich vorgeschrieben waren[2]), sondern nur bei gegenseitigem Entgegenkommen zustande kommen konnten. In diesem Sinne sind auch die damaligen Erfahrungen zu würdigen.

### *3. Die Entstehung des Betriebsrätegesetzes.*

Eine grundlegende Veränderung bedeutet das Gesetz über den vaterländischen Hilfsdienst vom 5. Dezember 1916. In diesem wurden für die im vaterländischen Hilfsdienst tätigen gewerblichen Betriebe mit mindestens 50 Arbeitern oder Angestellten Arbeiter- und Angestelltenausschüsse vorgesehen. Sie hatten die Aufgabe, Anträge, Wünsche und Beschwerden, die sich auf die Betriebseinrichtungen und Arbeitsverhältnisse bezogen, zur Kenntnis des Unternehmers zu bringen, und hatten das Recht, wenn keine Einigung stattfand, einen Schlichtungsausschuß anzurufen.

Als weitere Etappe auf dem Wege zur heutigen Arbeitsverfassung ist die Gründung der „Arbeitsgemeinschaft der industriellen und gewerblichen Arbeitgeber und Ar-

[1]) Koch schätzte den Umfang der Arbeiterausschüsse in der deutschen Privatindustrie auf etwa 10% aller Betriebe mit mehr als 20 Arbeitern (1907, S. 29), wobei die großen Betriebe im erheblich größeren Maße beteiligt gewesen sein werden.

[2]) Eine Zwangsvorschrift für die Errichtung von Ausschüssen war nur in den landesrechtlichen Berggesetzen gegeben (in Preußen im Gesetz vom 14. Juli 1905, abgeändert am 28. Juli 1919).

beitnehmer Deutschlands" zu werten, die noch im Oktober 1918, aber doch schon unter dem Druck der drohenden Revolution, mit den Verhandlungen begann. Am 15. November 1918 wurde dann auch eine Vereinbarung zwischen Arbeitgeber- und Arbeitnehmerverbänden erzielt, die unter anderem Bestimmungen über Arbeiterausschüsse enthielt. Für jeden Betrieb mit einer Arbeitnehmerschaft von 50 Beschäftigten sollte ein Ausschuß eingesetzt werden, der diese zu vertreten und in Gemeinschaft mit dem Betriebsunternehmer darüber zu wachen hat, daß die Verhältnisse des Betriebes nach Maßgabe der Kollektivvereinbarungen geregelt werden. Gleichzeitig wurden Schlichtungsausschüsse bzw. Einigungsämter vorgesehen, die aus der gleichen Anzahl von Arbeitnehmer- und Arbeitgebervertretern bestehen sollten[1]).

Nachdem in dieser Vereinbarung die Errichtung von Ausschüssen für alle Betriebe mit mindestens 50 Arbeitnehmern freiwillig beschlossen war, erließ die Revolutionsregierung am 23. Dezember 1918 die Verordnung über Tarifverträge, Arbeiter- und Angestelltenausschüsse und Schlichtung von Arbeitsstreitigkeiten. Die Ausschüsse wurden für alle Betriebe mit mindestens 20 Arbeitern oder 20 Angestellten vorgeschrieben. Ihre Aufgaben wurden dahin erweitert, daß sie das Recht hatten, bei Nichtbestehen von Tarifverträgen im Einvernehmen mit den beteiligten wirtschaftlichen Vereinigungen bei der Regelung der Löhne und sonstigen Arbeitsverhältnisse mitzuwirken und die Bekämpfung der Unfall- und Gesundheitsgefahren zu unterstützen. Gegenüber der Vereinbarung der Arbeitsgemeinschaft vom 15. November 1918 bedeutet diese Verordnung aber keine Neuerung.

In Anbetracht der politischen Verhältnisse war die Verordnung vollkommen illusorisch. Bei Ausbruch der Revolution hatten sich bei Behörden und in den Betrieben Arbeiter- und Soldatenräte gebildet, die völlig willkürlich zusammengesetzt waren und sich Rechte anmaßten, die dem russischen Beispiel entnommen waren. Die sich entwickelnden Revolutionskämpfe nahmen der Regierung gegenüber drohenden Charakter an. Damals entstand das Schlagwort von der Verankerung des Rätesystems in der Reichs-

---

[1]) Reichert, S. 22.

verfassung. Der revolutionäre Rätegedanke wurde aber von Anfang an von der Revolutionsregierung und dem überwiegenden Teile der Arbeiterschaft abgelehnt. Zum ersten Male nahm die Regierung in einer Veröffentlichung durch das Wolffsche Bureau vom 26. Februar 1919 zu der Frage Stellung, indem sie erklärte, daß die Räteorganisation innerhalb der einzelnen Betriebe als Vermittlungsinstrument zwischen diesen und den Gewerkschaften wohl erhalten werden könnte, daß aber außer diesen Betriebsräten von dem ganzen Rätesystem für die deutsche Republik nichts brauchbar wäre. Das war die erste Ankündigung des Betriebsrätegesetzes.

Als die wilden Räte von ihren eingebildeten Rechten nicht abließen und die dauernde Erschütterung des Arbeitsfriedens das Wirtschaftsleben zu untergraben drohte, erschien es angebracht, beschleunigt eine gesetzliche Regelung herbeizuführen. Am 15. Mai 1919 begannen im Arbeitsministerium die Besprechungen über den ersten Referentenentwurf, an denen eine größere Anzahl Vertreter von Arbeitgebern und Arbeitnehmern teilnahm. Im Laufe der Beratungen wurde der Entwurf mehrmals stark abgeändert, bis er der Nationalversammlung am 16. August 1919 vorgelegt wurde, die ihn an die 7. (soziale) Kommission verwies. Aber auch hier gestalteten sich die Beratungen zum Teil sehr schwierig. Die Hauptstreitpunkte waren die Vorlage der Bilanz bei Privatunternehmungen, die Entsendung von Betriebsratsmitgliedern in den Aufsichtsrat und das Mitbestimmungsrecht des Betriebsrates bei Einstellungen und Entlassungen. Gegen Ende des Monats Oktober wurden die Kommissionsberatungen als zwecklos abgebrochen[1]). Auch interfraktionelle Besprechungen führten zu keiner Einigung. Erst am 17. November trat man wieder zusammen.

Das Gesetz wurde am 18. Januar 1920 in dritter Lesung mit 213 gegen 64 Stimmen angenommen. Die Deutschnationalen, die Deutsche Volkspartei und die Unabhängigen Sozialdemokraten (außer 2 Abgeordneten) stimmten dagegen, die Mehrheitssozialdemokraten, das Zentrum und die Deutsch-Demokraten dafür[2]).

---

[1]) Betriebsrätegesetz, herausg. vom Reichsverband d. D. Ind. usw., S. 51.

[2]) Für die Geschichte der Tätigkeit der Parlamente sehr interessant ist die Zahl der anwesenden Abgeordneten der deutsch-demokratischen

Der Betriebsrätegedanke hat auch in vielen anderen Ländern gesetzliche Anerkennung gefunden, wenn auch die ausländischen Betriebsräte zum Teil ganz verschiedene Rechte haben. Das deutsch-österreichische Betriebsrätegesetz ist dem reichsdeutschen sehr ähnlich, die Aufgaben der Betriebsvertretungen sind im wesentlichen dieselben[1]). Der Hauptunterschied besteht darin, daß auch Vorstandsmitglieder und Beamte von Berufsorganisationen der Arbeiter und Angestellten wählbar sind, doch dürfen diese nur bis zu ¼ aller Betriebsratsmitglieder vertreten sein[2]). Sonst bestehen nur unwesentliche Unterschiede: Betriebsleiter, Geschäftsführer und Vorstandsmitglieder gelten auch als Angestellte, die Zahl der Betriebsratsmitglieder ist nicht begrenzt, und Strafbestimmungen gegen Betriebsratsmitglieder wegen Verletzung der Schweigepflicht sind nicht vorgesehen.

Ebenso sind in der Tschechoslowakei die Betriebsvertretungen ähnlich den deutschen, nur haben die in den Verwaltungs- und Aufsichtsrat entsandten Vertreter kein Stimmrecht[3]). In Norwegen haben die Betriebsräte nur Aufgaben rein sozialer Interessenwahrnehmung[4]). In England, Amerika und Belgien sind die Betriebsvertretungen freiwillige Einrichtung der Verbände, in England auf dringende Einladung der Regierung hin[5]). Nach Erhebungen des Industriellenverbandes bestanden in Amerika im August 1919 in 225 Unternehmungen mit 500000 Arbeitern Betriebsräte; die Erfahrungen wurden als sehr günstig bezeichnet[6]). Im Februar 1922 wird von Betriebsräten in 725 Industriebetrieben berichtet[7]).

---

Partei. Bei der Abstimmung waren nur 39% der Abgeordneten dieser Partei zugegen, gegenüber 66% beim Zentrum und 73,5% im übrigen Hause.

[1]) Betriebsrätegesetz, herausgeg. vom Reichsverband d. D. Ind., S. 51.

[2]) Hiermit wird eigentlich der Begriff „Betriebs"vertretung durchbrochen.

[3]) Feig, S. 631.

[4]) Ebenda.

[5]) Lips, S. 10.

[6]) Feig, S. 632.

[7]) Soz. Prax. 1923, S. 736.

## II. Die soziale Stellung der Betriebsvertretung.

Wenn man sich mit dem Betriebsrätewesen befaßt, darf man die Schwierigkeiten nicht verkennen, die der Betriebsvertretung aus ihrer sozialen Stellung erwachsen. In erster Linie „zur Wahrnehmung der gemeinsamen wirtschaftlichen Interessen der Arbeitnehmer dem Arbeitgeber gegenüber", dann aber auch „zur Unterstützung des Arbeitgebers in der Erfüllung der Betriebszwecke" sind Betriebsvertretungen zu errichten (§ 1 des BRG.). Die Beziehungen zwischen Betriebsvertretung und Arbeitnehmerschaft werden ferner noch dadurch kompliziert, daß sie durch zwei kollektive Organisationsformen, der durch das Betriebsrätegesetz organisierten Belegschaft und der gewerkschaftlichen Organisation, bestimmt werden.

Die Beziehungen zwischen Betriebsvertretung und Belegschaft sind für die Betriebsvertretung die wichtigsten. Die Belegschaft hat durch die Wahl den Betriebsrat mit der Vertretung ihrer Interessen beauftragt, und je nachdem sie mit der Amtsführung des Betriebsrats zufrieden ist, hat dieser mit einer Neuwahl für die kommende Wahlperiode zu rechnen. Solidaritätsgefühl und auch Ehrgeiz bilden die wesentlichste Triebfeder zur gewissenhaften Verwaltung des Amtes. Trotzdem birgt aber die Eigenart der Betriebsratstätigkeit die Gefahr in sich, daß das Verbleiben im Amte gleichzeitig einen eigenen Vorteil bedeutet. Besonders für den Arbeiter, der zum Teil oder ganz von der Arbeit im Betriebe freigestellt ist, bringt die Bureautätigkeit in meist gut und bequem eingerichteten Räumen ein weit angenehmeres Leben mit sich als das Leben in der Werkstatt.

Die zweite Organisationsform, die die Beziehungen zwischen Betriebsvertretung und Belegschaft beeinflußt, ist die auf freiwilligen Zusammenschluß beruhende Berufsvereinigung, die Gewerkschaft. Da die Gewerkschaften die Hauptträgerinnen der Arbeiterbewegung sind und sich in ihnen kraft der Massenzusammenschließung die Hauptmacht der Arbeitnehmerschaft verkörpert, wird auch von Natur aus die Tätigkeit der Betriebsvertretung grundsätzlich in Beziehung zu ihnen gesetzt. Das traditionelle Ansehen und der Einfluß der Gewerkschaften auf die Masse der Arbeitnehmerschaft bedingen auch die Einstellung der Betriebsratsmitglieder, und zwar auch dann, wenn die praktischen Erfordernisse des Betriebes mit den theoretisch aufgebauten Grundlinien der Gewerkschaften nicht im Einklang stehen.

Mit der Gefahr, daß die Interessen der Belegschaft und der Gewerkschaften auseinandergehen könnten, wurde von vornherein gerechnet. Daher wurden in das Gesetz Bestimmungen aufgenommen, die sowohl den Gewerkschaften einen unmittelbaren und mittelbaren Einfluß auf Belegschaft und Betriebsvertretung einräumten, als auch den Betriebsvertretungen Pflichten gegenüber den Gewerkschaften auferlegten. Durch die Möglichkeit, daß auf Antrag von einem Viertel der Mitglieder des Arbeiter-, Angestellten- oder Betriebsrats oder Betriebsausschusses zu ihren Sitzungen je ein Beauftragter der in ihnen vertretenen wirtschaftlichen Vereinigungen mit beratender Stimme hinzuzuziehen ist, und daß je ein Beauftragter dieser Vereinigungen an jeder Betriebsversammlung teilnehmen kann, ist den Gewerkschaften eine unmittelbare Einwirkung, durch die Verpflichtung des Staates, die Errichtung von Sondervertretungen (für die Betriebe des Staates usw.) erst nach Verhandlung mit den beteiligten wirtschaftlichen Vereinigungen der Arbeitnehmer vorzunehmen (an die er aber nicht gebunden ist), eine mittelbare Einwirkung zugesichert. Die Betriebsvertretung ist verpflichtet, für die Durchführung der maßgebenden Tarifverträge und für Wahrung der Vereinigungsfreiheit der Arbeitnehmerschaft einzutreten und bei Vereinbarungen nicht über die Tarifverträge hinauszugehen, bzw. sich mit den beteiligten wirtschaftlichen Vereinigungen ins Benehmen zu setzen.

Der Unternehmer ist allein schon als Gegenpartei in gesellschaftliche Beziehung zur Betriebsvertretung gesetzt. Seine Stellung gegenüber der Belegschaft erfährt aber durch das Gesetz insofern eine Erleichterung, als dieses auch gemeinsame Interessen von Belegschaft und Unternehmer feststellt und der Betriebsvertretung die Aufgabe überträgt, die Betriebsleitung beratend zu unterstützen, mit ihr für einen möglichst hohen Stand und für möglichste Wirtschaftlichkeit der Betriebsleistungen zu sorgen, an der Einführung neuer Arbeitsmethoden fördernd mitzuarbeiten und den Betrieb vor Erschütterungen zu bewahren.

Infolge dieser mannigfaltigen Bindungen ist es für die Betriebsvertretung oft sehr schwer, die richtige Entscheidung zu treffen. Die Unternehmer mittlerer Betriebe glauben vielfach ein gewisses Schwanken im Handeln der Betriebsvertretungen beobachten zu können. So sollen oft nach einsichtiger Behandlung einer Reihe von Angelegenheiten plötzlich und unmotiviert Forderungen gestellt werden, für die nur darin eine Begründung gefunden werden kann, daß die Betriebsvertretung der Belegschaft zu dokumentieren für nötig hält, daß sie nicht unter dem Einfluß der Betriebsleitung steht. Besonders auffällig soll mitunter sein, daß die Betriebsratsmitglieder in Gegenwart von Gewerkschaftsfunktionären einen weit schärferen Ton anschlagen. Auch sind die Betriebsvertretungen von Unternehmern als Barometer für die Gewerkschaftsbewegung bezeichnet worden. Aus lebhafterer Tätigkeit, Häufung von sachlich wenig begründeten Beschwerden, zahlreicheren Einberufungen von Betriebsversammlungen kann meist mit Sicherheit auf bevorstehende Aktionen der Gewerkschaften geschlossen werden. Daß die politische Machtfrage für die Tätigkeit der Betriebsvertretungen eine bedeutende Rolle spielt, daß z. B. in Zeiten von Wirtschaftskrisen sich die Betriebsvertretungen besonderer Zurückhaltung befleißigen, liegt auf der Hand und bedarf keiner weiteren Ausführungen. Das persönliche Interesse der geschäftsführenden Betriebsratsmitglieder an ihrer Tätigkeit wird von den Arbeitgebern oft sehr unterstützt. Besonders bequeme Bureaueinrichtungen, geschäftliche Reisen zu Besichtigungen von Wohlfahrtseinrichtungen usw. und Aufwandsentschädigungen bilden hierfür eine gute Gelegenheit.

Die von den Gewerkschaften ursprünglich gehegte Befürchtung: die Förderung der Betriebszwecke als Aufgabe der Betriebsvertretung könne zum Betriebsegoismus führen und dadurch den Gewerkschaften die Führung der Arbeiterbewegung entgleiten, hat sich als unbegründet erwiesen. Schon der 11. Kongreß der (freien) Gewerkschaften Deutschlands, der am 19. Juni 1922 in Leipzig tagte, konnte feststellen, daß „Betriebsräte und Gewerkschaften eins sind“[1]. Ganz klar sagt die Gewerkschafts-

---

[1]) Korrespondenzblatt 1922, S. 369.

zeitung im Jahre 1924[1]): „Die Betriebsräte sind Funktionäre der Gewerkschaften". Damit haben die Gewerkschaften für das Betriebsrätewesen eine viel größere Bedeutung gewonnen.

Ein für die Praxis typischer Fall ist der Konflikt, in den das Betriebsvertretungsmitglied gerät, wenn es gleichzeitig Betriebsvertretungsmitglied und gewerkschaftlicher Vertrauensmann ist. Die meisten gröberen Pflichtverletzungen der Betriebsvertretungsmitglieder stehen hiermit in ursächlichem Zusammenhang. Ein Beispiel bringt Groh in der Neuen Zeitschrift für Arbeitsrecht[2]): Im Reichsverbandtarif ist die Leistung von Überstunden vereinbart. In einem tarifgebundenen Betrieb verweigern die Arbeitnehmer die Überstunden. Der Vorsitzende des Betriebsrats macht in der Betriebsversammlung die Arbeitnehmer auf ihre Verpflichtung zur Einhaltung der in den Einzelvertrag übergegangenen Tarifnormen aufmerksam, beruft aber nach Arbeitsschluß als Vertrauensmann der Gewerkschaft eine Versammlung der Arbeitnehmer, in der er ausführt, daß vom gewerkschaftlichen Standpunkt aus die Verweigerung der Überarbeit unbedingt erforderlich sei. Bei dem großen Ansehen, das er bei den Arbeitnehmern genießt, wird seiner Aufforderung Folge geleistet. Groh weist darauf hin, daß wenn auch das Betriebsrätegesetz grundsätzlich keine Pflichten der Betriebsratsmitglieder für ihr Verhalten außer Amtes enthält, insbesondere keine wie die Beamtengesetze, die ein würdiges Verhalten auch in der außerdienstlichen Lebensführung verlangen, dies nicht zur Sabotage der Betriebsratspflichten dienen dürfe. Es könnten allerdings die voneinander abweichenden Ansichten der Betriebsvertretung und der Gewerkschaft von einer Person vorgebracht werden. Eine Aufforderung zur Verweigerung der Überarbeit, zumal im Bewußtsein seines unbedingten Einflusses auf die Arbeitnehmer, müsse aber wegen Pflichtverletzung, natürlich aber nicht wegen gewerkschaftlicher Betätigung, zur Entlassung führen[3]).

Infolge des engen Zusammenarbeitens von Gewerkschaften und Betriebsräten ist das Gewerkschaftsprogramm auch für die

---

[1]) S. 215.

[2]) 1925, Sp. 629ff.

[3]) Es sind aber auch Urteile gefällt worden, in denen sogar schon das rein passive Verhalten des Betriebsrats als Pflichtverletzung bezeichnet wurde. So z. B. Schl.Aussch. Gr.-Berlin 1923, S. 230.

Tätigkeit der Betriebsräte maßgebend. Das vom Leipziger Gewerkschaftskongreß 1922 (der freien Gewerkschaften) aufgestellte Programm lautet in seinen wesentlichsten Punkten[1]):

„Die Gewerkschaften haben die Wahlen zu den Betriebsräten planmäßig vorzubereiten. Die Aufstellung der Vorschlagslisten erfolgt durch die für die fraglichen Betriebe zuständigen Gewerkschaften . . .

Der Kongreß beauftragt den Bundesvorstand, dahin zu wirken, daß

1. das Mitbestimmungsrecht der Arbeitnehmer in den Betrieben auf alle Betriebsangelegenheiten ausgedehnt wird;
2. insbesondere den Betriebsvertretungen weitgehende Kontrollrechte eingeräumt werden;
3. den Betriebsvertretungen auf Antrag über alle Betriebsvorgänge Auskunft zu erteilen ist und alle erforderlichen Unterlagen zugänglich gemacht werden . . .

Insbesondere steht den Betriebsräten nicht das Recht zu, selbständig Lohnverabredungen usw. mit den Unternehmern zu treffen . . . Derartige Vereinbarungen werden von den Verbänden des A.D.G.B. grundsätzlich als solche nicht anerkannt.“

Diese Grundsätze sind auf die Anweisungen, die die freien Gewerkschaften in ihren Betriebsrätezeitschriften und Gewerkschaftszeitungen ihren Betriebsräten geben, bestimmend und kehren in dieser oder jener Form in den betreffenden Artikeln immer wieder.

Die Wirkung eines auf so weitgehende Forderungen eingestellten Programmes kann natürlich nicht ausbleiben. Es läßt sich bei Besprechungen mit Betriebsräten fast immer eine gewisse Unzufriedenheit über die bestehenden geringen Rechte feststellen. Und es kann nicht behauptet werden, daß übertriebene Forderungen auf Erweiterung der Rechte den Interessen der Belegschaft dienlich sind.

Es wäre nun verfehlt, eine Übereinstimmung zwischen Gewerkschaften und Betriebsräten in allen Punkten zu vermuten. Beide Institutionen stehen an verschiedenen Stellen des wirtschaftspolitischen Lebens und haben verschiedene Aufgaben. Die hierdurch bedingten Konflikte, die hin und wieder in Erscheinung

---

[1]) Korrespondenzblatt 1922, S. 387.

treten, beweisen aber nicht eine oft nur als rein äußerlich angenommene Vergewerkschaftlichung der Betriebsräte, über die das letzte Wort noch nicht gesprochen sei, sondern bestätigen nur die Verschiedenartigkeit ihrer Aufgaben.

Die für die Praxis der Betriebsräte auftretenden Nachteile, die durch die Stellungnahme der freien Gewerkschaften hervorgerufen werden, treten für die anderen Gewerkschaftsrichtungen in weit geringerem Maße in Erscheinung, da deren Weltanschauungen der bestehenden Wirtschaftsform nicht so schroff entgegengesetzt sind. Die Verhältnisse in der Berliner Metallindustrie werden in erster Linie von den freien Gewerkschaften beeinflußt, besonders seit Abschluß des Organisationsvertrages zwischen dem Allgemeinen Deutschen Gewerkschaftsbund und dem AfA-Bund[1]). Was die Beziehungen der Betriebsratsmitglieder der verschiedenen Gewerkschaftsrichtungen untereinander betrifft, so wird hierüber bei der Frage der Vertretung der Minderheiten zu sprechen sein[2]).

---

[1]) In der Betriebsräte-Zeitschr. f. d. F. d. Met.-Industrie wurde damals von der großen Koalition von 7 Mill. Handarbeitern mit 700000 Kopfarbeitern gesprochen (1922, S. 459.)

[2]) Siehe S. 29ff.

## III. Der Aufbau der Betriebsvertretungen in der Berliner Metallindustrie.

### *1. Die Zusammensetzung und Geschäftsführung der Betriebsvertretungen.*

Im Betriebsrätegesetz nehmen die Bestimmungen über den Aufbau der Betriebsvertretungen und ihre Geschäftsführung einen weiten Raum ein. Der Gesetzgeber wollte sicherstellen, daß die Betriebsvertretung auch wirklich im Sinne der Arbeitnehmerschaft des Betriebes arbeitet. Daher steht in der Praxis die Zusammensetzung der Betriebsvertretungen in engem Zusammenhang mit den in der Belegschaft vertretenen Kräften und Richtungen. Die im Betriebsrätewesen gemachten Erfahrungen, aber auch das allgemeine politische Geschehen, beeinflussen die Willensbildung der Arbeitnehmerschaft und führen eine entsprechende Zusammensetzung der Betriebsvertretung herbei.

Die Beteiligung an den Wahlen ist zum Teil recht groß. Die Gewerbeaufsichtsbeamten der Stadt Berlin berichten für das Jahr 1923 von einer Wahlbeteiligung von 83,6% bei den Arbeitern und 78,6% bei den Angestellten in 44 industriellen Großbetrieben mit etwa 150000 wahlberechtigten Arbeitnehmern und von 60% bei den Angestellten in 10 Großbanken mit etwa 39000 Arbeitnehmern[1]). Man kann aber aus diesen Ziffern keine allzu sicheren Folgerungen ziehen, da die Arbeitnehmer meist abteilungsweise an die Wahlurnen geführt werden oder die Wahlurnen in den Arbeitsräumen herumgetragen werden. Dem einzelnen Arbeitnehmer bereitet der Wahlvorgang fast keine Umstände; im Gegenteil, die Unterbrechung der Arbeitszeit durch den Wahlvorgang bedeutet oft eine nicht unangenehme Abwechslung, die auch weniger Interessierte mitnehmen, da sie durch die Arbeitsunterbrechung

[1]) Jahresber. d. Gew.Aufs.B. für 1923/24, I. Bd., S. 71. Auch sonst werden die Zahlen in diesen Grenzen angegeben.

der Kollegen sowieso an der Fortsetzung ihrer Arbeit gehindert werden. Aber auch die Parteidisziplin dürfte ein wesentlicher Grund für die große Wahlbeteiligung sein.

Bei der Aufstellung der Liste spielt das politische Moment im allgemeinen eine untergeordnete Rolle, die gewerkschaftliche Richtung ist maßgebend. Sehr beliebt ist es bei den Arbeitern, sich auf eine freigewerkschaftliche Liste zu einigen, vor allem dann, wenn Angehörige anderer Gewerkschaften kaum vertreten sind. In diesem Falle, wenn es bei der einen Liste verbleibt, wird der Wahlakt überhaupt überflüssig, die Vorgeschlagenen sind durch die Tatsache der einen Liste gewählt. Es kommt aber auch vor, wenn auch sehr vereinzelt, daß aus politischen Gründen die Geschlossenheit der Belegschaft gesprengt wird. So wurde bei einer Wahl, für die sich die verschiedenen politischen Richtungen (sozialistischen) auf eine freigewerkschaftliche Liste geeinigt hatten, auf der sowohl Mehrheitssozialisten als auch Kommunisten aufgenommen waren, von den Kommunisten kurz vor Ablauf der Frist noch eine eigene Liste eingereicht. Hierdurch wäre ihnen natürlich eine größere Anzahl Sitze zugefallen. Es gelang aber den Mehrheitssozialisten, auch ihrerseits noch schnell eine Liste einzureichen und so den Versuch der Kommunisten zu vereiteln. Über solche Versuche der Kommunisten wird von den Gewerkschaften vielfach geklagt[1]). Mitunter nehmen aber auch die vaterländischen Verbände eine beachtenswerte Stellung in der Belegschaft ein. Nach den im Vorwärts Nr. 176 vom 15. April 1926 veröffentlichten Zahlen von den Wahlen bei Osram „S" betragen die Stimmen der vaterländischen Verbände im Jahre 1925 15%, im Jahre 1926 9,6% der abgegebenen Stimmen, bei einer Wahlbeteiligung von 83% in beiden Jahren. Allgemein wird beobachtet, besonders in Betrieben, in denen man sich um eine erfolgreiche Auswirkung des Betriebsrätegesetzes bemüht, daß die Arbeiter meist intelligente Kräfte in die Betriebsvertretungen entsenden, während bei den Angestellten die Verhältnisse insofern anders liegen, als die Kreise unter ihnen dem Betriebsrätegesetz lebhafteres Interesse entgegenbringen, die in ihrem Berufe nicht recht vorwärtsgekommen sind und in Erbitterung versuchen, auf diese Weise eine Rolle zu spielen.

---

[1]) z. B. Betr.R.Zeitschr. Met.-Ind. 1923, S. 227, und 1925, S. 66.

Eingehende und zuverlässige Angaben über die Zusammensetzung der Betriebsvertretungen und der Veränderungen im Laufe der Jahre seit Bestehen des Gesetzes liegen für einen großen Berliner Konzern der Metallindustrie vor, der 50—60000 Arbeitnehmer beschäftigt. In folgender Tabelle[1]) sind die Betriebsvertretungsmitglieder sämtlicher Berliner Betriebe dieses Konzerns, sowohl nach ihrer gewerkschaftlichen als auch nach ihrer politischen Richtung getrennt, zusammengezählt:

Zusammensetzung
der Betriebsvertretungen im ...... Konzern seit 1920.

*Arbeiter:*

| Jahrgang | Betr. u. Erg.-Mitgl.[2]) | Gewerkschaftliche Richtungen | | | | | | Politische Richtungen | | | |
|---|---|---|---|---|---|---|---|---|---|---|---|
| | | Fr. Gew. | Chr. Gew. | H.-D. | Union | Gelb | Unorg. | SPD | USPD | KPD | unbekannt |
| 1920 | 153/40 | 147/36 | 1/0 | — | — | 2/2 | 2/2 | 40/13 | 64/13 | 8/3 | 41/11 |
| 1921 | 152/43 | 147/39 | — | 1/1 | — | 2/1 | 2/2 | 40/10 | 60/10 | 13/3 | 39/20 |
| 1922 | 160/39 | 154/35 | — | 1/0 | — | 0/3 | 5/1 | 44/5 | 58/14 | 39/6 | 19/14 |
| 1923 | 169/43 | 163/38 | — | 1/0 | — | 2/1 | 3/4 | 67/16 | 8/0 | 50/6 | 44/21 |
| 1924 | 164/41 | 117/27 | — | — | 8/1 | 8/2 | 31/11 | 51/8 | 6/1 | 66/11 | 51/21 |
| 1925 | 174/42 | 130/29 | — | — | 3/8 | 6/2 | 35/4 | 67/10 | 1/0 | 40/4 | 66/28 |
| 1926 | 157/43 | 122/32 | — | — | 6/2 | 5/2 | 24/7 | 72/11 | 1/0 | 22/3 | 62/29 |

*Angestellte:*

| Jahrgang | Betr. u. Erg.-Mitgl.[2]) | Gewerkschaftliche Richtungen | | | | Politische Richtungen | | | |
|---|---|---|---|---|---|---|---|---|---|
| | | AfA | G. d. A. | Gedag | Unorg. | SPD | USPD | KPD | unbekannt |
| 1920 | 71/66 | 60/51 | 3/2 | 5/4 | 3/9 | 22/14 | 11/2 | 3/1 | 35/49 |
| 1921 | 77/67 | 56/45 | 5/7 | 7/6 | 9/9 | 18/12 | 10/3 | 0/1 | 49/51 |
| 1922 | 76/66 | 43/44 | 9/6 | 13/10 | 11/6 | 16/14 | 7/4 | 1/1 | 52/47 |
| 1923 | 76/72 | 41/43 | 9/9 | 21/16 | 5/4 | 24/14 | — | 1/2 | 51/56 |
| 1924 | 71/69 | 35/28 | 7/9 | 12/21 | 17/11 | 16/9 | — | 2/0 | 53/60 |
| 1925 | 73/69 | 35/28 | 5/11 | 13/15 | 20/15 | 17/9 | — | 1/1 | 55/59 |
| 1926 | 73/78 | 41/38 | 5/5 | 11/13 | 16/22 | 12/11 | — | 1/1 | 60/66 |

[1]) Die dem Verfasser von dem betreffenden Betriebsrat zur Verfügung gestellt wurde.

[2]) Betriebsrats- und Ergänzungsmitglieder.

Aus der Tabelle geht die führende Stellung der freien Gewerkschaften und des AfA-Bundes hervor. Bei den Arbeitern ist eine starke Zunahme der Kommunisten in den Jahren 1922 bis 1924 und darauf folgend eine ebenso starke Abnahme ersichtlich[1]), eine Erscheinung, die im Zusammenhang mit den Inflationsverhältnissen steht und allgemein beobachtet wurde. Bei den Angestellten ist die abnehmende Tendenz in den Zahlen des sozialistischen AfA-Bundes auffallend. Man muß sich aber hüten, hier zu verallgemeinern. Gewiß handelt es sich um Ziffern von Betrieben, die zwar in einem Konzern zusammengeschlossen sind, aber im übrigen jeder für sich in mehr oder weniger großer Selbständigkeit bestehen, so daß doch nicht von rein örtlichen Erscheinungen gesprochen werden kann. Man wird mit Sicherheit annehmen können, daß sich auch in anderen Betrieben ähnliche Erscheinungen bemerkbar gemacht haben. Man wird aber diese Annahme auf die Verhältnisse in den Riesenbetrieben beschränken müssen, in denen sich eine gewisse Stetigkeit und Tradition im Betriebsrätewesen herausgebildet hat.

Lebhaft umstritten war in den Verhandlungen der Nationalversammlung die Begrenzung des Lebensalters der Betriebsratsmitglieder[2]). Auch in den Beratungen des Reichsverbandes der Deutschen Industrie kam diese Frage zur Sprache. Dabei wurde auch erwogen, ob es nicht zweckmäßig sei, daß je ein Vertreter den Altersklassen von über 40, von unter 30 und von 30 bis 40 Jahren angehören müsse[3]). In der Praxis hat sich erwiesen, wenigstens nach den Erfahrungen der letzten Jahre, daß

---

[1]) Unter Vorbehalt, daß sich durch die Mitglieder, deren politische Richtung unbekannt ist, das Ergebnis verschieben kann.

[2]) Es ist auffallend, daß in der Betriebsräteliteratur, vor allem in den Zeitschriften, die Bezeichnung „Betriebsrat" auch für die einzelne Persönlichkeit (der Herr „Betriebsrat", man liest sogar auch das Wort Betriebs„rätin") angewandt wird. Dies ist um so merkwürdiger, als seinerzeit der Vorschlag der Bayerischen Regierung, an Arbeitnehmer, die sich um das öffentliche Wohl oder in anderer Weise verdient gemacht haben, die Titel Arbeitsrat, Landesarbeitsrat, Geh. Landesarbeitsrat zu verleihen, von der Arbeitnehmerschaft geschlossen abgelehnt wurde. Das Betriebsrätegesetz kennt die Bezeichnung „Betriebsrat" nur für das Kollegium sämtlicher Betriebsratsmitglieder, für die einzelne Persönlichkeit nur das Wort Betriebsrats„mitglied" (entsprechend: Arbeiter- und Angestelltenrats„mitglieder").

[3]) Veröffentl. d. Reichsverb. d. D. Ind., 7. Heft, S. 10.

die Befürchtungen, die sich auf das zu jugendliche Alter bezogen. nicht eingetreten sind. Das durchschnittliche Lebensalter der Betriebsratsmitglieder liegt im allgemeinen zwischen 30 und 40 Jahren[1]). Es wird heute von Betriebsvertretungen sogar darüber geklagt, daß jüngere Elemente fehlen. Es tritt nämlich häufig das Bestreben auf, für den Nachwuchs Sorge zu tragen und jüngere Betriebsratsmitglieder im Laufe der Jahre zur späteren Übernahme der geschäftsführenden Posten heranzubilden. Der mangelnde Nachwuchs jüngerer Kräfte ist eine Erscheinung, die auch in den Gewerkschaften und Parteien beobachtet wird und mit der diese sich schon wiederholt sehr ernst beschäftigt haben[2]). Zwar ist auch hin und wieder die Ansicht zu finden, daß die Altersgrenze zu hoch gegriffen sei. Doch scheint man den Ursprung solcher Stimmen fast immer in radikalen Arbeitnehmerkreisen suchen zu müssen, oder aber es handelt sich um Betriebe, in denen nur jüngere Arbeitnehmer beschäftigt werden, wie das in Betrieben mit weiblicher Arbeitnehmerschaft unter Umständen der Fall sein kann, da die über 24 Jahre alten Frauen vielfach bereits verheiratet sind[3]).

An den Wahlbestimmungen wird in jüngster Zeit insofern Kritik geübt, als die Unternehmer ihre heutige Machtstellung auf Grund der verschärften Wirtschaftskrise häufig dazu mißbrauchen sollen, Arbeitnehmer, die auf der Vorschlagsliste stehen und deren Amtsübernahme unerwünscht ist, zu entlassen und dadurch die Wahl dieses Arbeitnehmers zu sabotieren. Derartige Fälle lassen sich natürlich nur schwer nachprüfen. Aber Gewerkschaften verschiedener Richtungen glauben dies feststellen zu können[4]). Von sozialistischer Seite ist daher ein Zusatz zum Betriebsrätegesetz vorgeschlagen worden: „Das Arbeitsverhältnis der Mitglieder im Wahlvorstand sowie der einzelnen Bewerber einer Vorschlagsliste kann, so lange die Wahl schwebt, nur aus einem

---

[1]) Entsprechend wird aus Amerika berichtet, daß das Durchschnittsalter in den dortigen Arbeitervertretungen etwa 39 Jahre beträgt. Soz. Prax. 1923, S. 737. S. auch den Schlußsatz von Teil III, 2 auf S. 29.

[2]) z. B. Die Arbeit 1926, S. 361; Betr.R.Zeitschr. Met.-Ind. 1926, S. 507; Jungsozialistische Blätter, Juli 1926, S. 205.

[3]) Betr.R.Zeitschr. Met.Ind. 1923, S. 23.

[4]) Betr.R.Zeitschr. Met.Ind. 1926, S. 480; Zentralbl. d. christl. Gew. 1925, Betr. u. Wirtsch., S. 42.

Grunde aufgelöst werden, der zur fristlosen Entlassung des Arbeitnehmers berechtigt"[1]).

Die **Geschäftsführung** wird von den Betriebsräten recht verschieden gehandhabt und ist je nach der persönlichen Neigung der Betriebsräte organisiert. Wenn auch an den Betriebsratssitzungen sämtliche Betriebsratsmitglieder teilnehmen, so liegt doch der Haupteinfluß nur bei wenigen Persönlichkeiten, die die eigentliche Geschäftsführung übernehmen. Sehr beliebt ist die Einteilung der Aufgabengebiete in besondere Referate, die ständig einzelnen Betriebsratsmitgliedern übertragen werden unter Berücksichtigung der Eignung des einzelnen. Meist werden in den Großbetrieben einzelne Betriebsratsmitglieder gänzlich von der Arbeit freigestellt. Es gibt aber auch Betriebsräte, die eine solche gänzliche Freistellung zu vermeiden suchen. Einmal um die Verbindung des einzelnen Betriebsratsmitgliedes mit der Werkstattarbeit nicht zu verlieren, dann aber auch, um das persönliche Interesse an der Betriebsratsarbeit zu vermindern.

Die zur Geschäftsführung notwendigen Bureaumittel werden in der Regel vom Arbeitgeber in der erforderlichen Weise zur Verfügung gestellt. Dort, wo die Arbeitgeber sich vorbehalten hatten, Bureaumittel und Unkostenentschädigungen von Fall zu Fall zu bewilligen, hatten die Betriebsvertretungen mitunter gegen kleinliche Auffassungen anzukämpfen. In diesen Fällen haben sich die Betriebsräte mit Einklagen auch der kleinsten Summen beholfen, bis es, auch auf Drängen der hierdurch so häufig belästigten gerichtlichen Instanzen, zu Vereinbarungen mit den Arbeitgebern betr. Festsetzung von Pauschalsummen kam, die dann meist befriedigend ausfielen[2]).

Auch die Maßnahme der Betriebsräte, ihre Mitteilungen an die Belegschaft durch Anschlag bekanntzugeben, bildet leicht eine Quelle von Streitigkeiten. Zwar haben die Betriebsräte mit den Anschlägen oft zu gewerkschaftlichen und politischen Zwecken Mißbrauch getrieben, doch haben sich die Werkleitungen auch ihrerseits wiederholt recht kleinlich gezeigt.

Was die **Betriebsversammlungen** anbelangt, so werden

---

[1]) Betr.R.Zeitschr. Met.Ind. 1926, S. 480.

[2]) Ähnlich auch bez. der Arbeitszeitversäumnis, z. B. in N. Zeitschr. f. Arb.Recht 1925, Sp. 415.

diese meist nur schwach besucht[1]). Mit Vorliebe werden sie — besonders in den ersten Jahren war dies der Fall — von der Arbeitnehmerschaft benutzt, um auch zu politischen Fragen Stellung zu nehmen, die mit dem Betriebe nichts zu tun haben. So ist es vorgekommen, daß ein Betriebsrat eine Entschließung über die Haltung der preußischen Justiz gegenüber spanischen Untertanen faßte und daß ein anderer Betriebsrat die Strafgelder ohne Wissen der Betriebsleitung der russischen Sowjetregierung überwies, angeblich zur Unterstützung von Flüchtlingen aus dem Hungergebiet[2]). Die Arbeitgeber sind daher eifrig bemüht, daß in den Betriebsversammlungen und auch in den Betriebsratssitzungen nur Betriebsangelegenheiten behandelt werden und keine politischen Fragen auf der Tagesordnung stehen. Eine diesbezügliche Kontrolle der Betriebsversammlungen fällt ihnen meist sehr leicht, da ihnen oft sehr schnell genaue Berichte über den Verlauf der Versammlungen zugetragen werden, ohne daß sie selbst es nötig haben, einen Spitzeldienst einzurichten. Dennoch richten sich aber die Vorwürfe der Arbeitnehmerschaft in diesem Sinne gegen sie. In größeren Betrieben ist das Zustandekommen einer zahlreich besuchten Betriebsversammlung schon dadurch in Frage gestellt, daß in dem Betrieb der Arbeitsschluß für alle Arbeitnehmer nicht zum gleichen Zeitpunkt stattfindet. Daher hat man teilweise von Betriebsversammlungen abgesehen und zu Werkstattversammlungen gegriffen und damit recht gute Resultate erzielt.

Für den Geschäftsverkehr mit dem Betriebsrat ist von der Betriebsleitung häufig eine besondere Direktionsabteilung (die arbeitsrechtliche, sozialpolitische usw. Abteilung) eingerichtet worden, um eine Stelle zu schaffen, an die sich die Betriebsvertretungen grundsätzlich zu wenden haben. In mittleren Betrieben ist dementsprechend eine einzige Persönlichkeit mit den Verhandlungen mit den Betriebsräten beauftragt worden. Diese Einrichtungen werden aber von den Organisationen sehr ablehnend kritisiert. Es wird behauptet, daß die Syndizi, arbeitsrechtlichen Abteilungen usw. den Gegensatz zwischen Arbeitnehmer und Arbeitgeber vielfach nur vergrößert haben: „Bei den mittleren und kleineren Werken konnten die Betriebsräte mit

[1]) Beteiligungen von 20—30% werden genannt.

[2]) Jahresber. d. Gew.Aufs.B. f. d. Jahr 1922, Stadt Berlin, I. Bd., S. 56.

verantwortlichen Personen der Betriebsleitung unterhandeln, und dabei kam es oft zu einer Verständigung. Bei großen Werken herrschen die Herren Syndizi, die aber schließlich doch nichts zu sagen haben und sich nur bei der Generaldirektion in ein gutes Licht setzen wollen, weshalb sie aus jeder Kleinigkeit eine ‚Prinzipien'frage machen"[1]). Es fragt sich überhaupt, ob die Organisation mancher dieser Einrichtungen zweckmäßig ist. Es liegt ja grundsätzlich die Gefahr nahe, daß solche Spezialabteilungen aus Ressortinteresse Sachen zu „bearbeiten" anfangen, die sonst kaum beachtet würden. Jedenfalls scheint die weit übertriebene Kleinlichkeit mancher Betriebsleitungen hierin ihre Ursache zu haben.

Sitzungen in Gemeinschaft mit dem Arbeitgeber werden gern vermieden. Meist tritt man nur zur Entgegennahme der Bilanz und des Geschäftsberichtes zusammen. Hierbei ist es dadurch zu Streitigkeiten gekommen, daß die Betriebsratsmitglieder es abgelehnt haben, die Sitzung unter dem Vorsitz des Arbeitgebers stattfinden zu lassen. Es wurde aus diesem Grunde in einem Großunternehmen sogar die Unterschrift unter das Protokoll verweigert oder nur unter hinzugefügtem Protest geleistet. Derartige Handlungen sind natürlich nicht dazu angetan, das gegenseitige Verständnis zu fördern, wenn sie nicht überhaupt als Ausklang vorhandener gegenseitiger Mißstimmungen zu werten sind. In einem Großunternehmen desselben Industriezweiges werden die gemeinsamen Sitzungen von Anfang an nur unter Vorsitz des Arbeitgebers geführt, ohne daß dies jemals von der Betriebsvertretung als unwürdig empfunden wurde.

### *2. Die Stetigkeit der Betriebsvertretungen.*

In der ersten Zeit nach Inkrafttreten des Betriebsrätegesetzes waren Erscheinungen zu beobachten, auf Grund deren berechtigte Zweifel gehegt werden konnten, ob das Betriebsrätegesetz jemals zu allgemeinem Erfolg kommen würde. Die Gewerbeaufsichtsbeamten berichteten anfangs von einer gewissen Kampfstimmung, die nicht selten dazu geführt hätte, an sich unbedeutende Meinungsverschiedenheiten zu Streitigkeiten grundsätzlicher Art zu gestalten und diese in beiden Instanzen durchzufechten, namentlich wenn eine der beiden Parteien oder beide unter dem Einfluß ihrer

---

[1]) Gewerksch.Zeitg. 1924, S. 500.

Organisationen standen und von diesen angehalten waren, eine grundsätzliche Entscheidung herbeizuführen[1]).

Zunächst lag die Schuld daran, daß erst im Laufe der Zeit durch übereinstimmende Schiedssprüche und Urteile manche Unklarheiten des Gesetzes beseitigt werden konnten, die bis dahin jeder in seinem Sinne auszulegen bestrebt war. Heute kann aber im allgemeinen das Recht der Betriebsverfassung als geklärt gelten[2]).

Dann aber ist die Schuld darin zu suchen, daß fast alle Beteiligten vom Betriebsrätegesetz etwas anderes erwartet hatten und sich mit dem von der Nationalversammlung angenommenen Wortlaut nicht abfinden konnten. „Das Betriebsrätegesetz hat niemanden befriedigt", las man damals überall. Vielleicht liegt darin aber gerade die Stärke des Betriebsrätegesetzes. Freilich bedarf es langer Zeit, bis man sich bereit finden wird, das Positive im Betriebsrätegesetz anzuerkennen, um so mehr, als erst eine gewisse Erziehungsarbeit geleistet werden muß, die beide Parteien dem Betriebsrätewesen näherbringt. Denn das Betriebsrätegesetz ist der Entwicklung vorausgeeilt, wie auch von Arbeitnehmerseite zugestanden worden ist[3]). Man kann also nicht verlangen, daß von vornherein überall ein für Erfolge günstiger Boden vorhanden war. Die späteren Berichte der Gewerbeaufsichtsbeamten sind denn auch weit zuversichtlicher gestimmt. Schon im Berliner Bericht für das Jahr 1921 heißt es[4]): „Das Zusammenarbeiten wurde dadurch erleichtert, daß sich allmählich erträgliche, vielfach gute gegenseitige Beziehungen herausbildeten, und daß auch die Betriebsräte gelernt haben, ein förderliches Zusammenarbeiten anzubahnen und ernsten Willen zu gerechter Erfüllung ihrer Aufgaben aufzubringen. Manche Arbeitgeber haben unumwunden erklärt, daß sie mit ihren Betriebsräten im besten sachlichen Einvernehmen und in ersprießlichem Zusammenwirken stehen, zum mindesten, daß die frühere Kampfstimmung gewichen sei. Viele Betriebsräte haben ebenso offen anerkannt, daß ihre Betriebsleitungen allen berechtigten Anforderungen durchaus entsprochen hätten."

---

1) Jahresber. d. Gew.Aufs.B. f. d. Jahr 1920, I. Bd., S. 116.

2) Ebenso auch im Geschäftsbericht der Vereinig. d. D. Arb. geb.Verb. für 1923/24, S. 76.

3) Cl. Nörpel in Die Arbeit 1924, S. 87.

4) Bd. I, S. 105/06.

Trotzdem gibt es noch heute weite Kreise, die noch nicht zu der nötigen Einsicht gekommen sind, daß nur der Wille zur Sachlichkeit erfolgversprechend sein kann. Am Berliner Gewerbegericht ist nach wie vor beobachtet worden, daß noch immer Betriebsräte ihre Befugnisse überschreiten, weil sie sich auf den Standpunkt stellen: „Ich fasse eben mein Amt als revolutionärer Betriebsrat auf!", womit sie ihr Verhalten entschuldigen zu können glauben[1]). In erster Linie sind hierfür die Bestrebungen der Kommunisten verantwortlich zu machen. Dort, wo kommunistische Betriebsräte bestehen, ist das gegenseitige Verhältnis ein derartig gespanntes, daß von einer Zusammenarbeit von Betriebsrat und Betriebsleitung überhaupt nicht die Rede sein kann. Man kann direkt sagen, daß in diesen Fällen das Betriebsrätegesetz sabotiert wird. Dann aber auch ist den im II. Abschnitt behandelten überspannten Forderungen des Leipziger Gewerkschaftskongresses, die auch schon vor Leipzig seit Inkrafttreten des Gesetzes die Gewerkschaftspolitik beeinflußten, eine gewisse Mitschuld nicht abzusprechen. Noch mehr ist dies aber der Fall, wenn von maßgebender Seite zu wichtigen Fragen in unsachlicher Weise Stellung genommen wird, wie z. B. S. Aufhäuser, der Vorsitzende des AfA-Bundes, zur Frage des Vorsitzes in der Betriebsratssitzung (bei Teilnahme des Arbeitgebers) Stellung nimmt: „Nach § 29 Abs. 2 kann der Vorsitz in der Betriebsratssitzung an den Arbeitgeber übertragen werden. Diese Bestimmung ist, auch wenn es sich nur um eine Kannvorschrift handelt, eine der unwürdigsten Zumutungen an die Arbeitnehmer"[2]). Anderseits gibt es auch noch immer Arbeitgeber, die den Betriebsräten die größten Schwierigkeiten bereiten. Oft führt dies dahin, daß sich keine Arbeitnehmer mehr bereit erklären, das Amt eines Betriebsratsmitglieds zu übernehmen. Man kann auch hier von Sabotage sprechen.

Ob die Sabotage nun von seiten revolutionärer Betriebsräte oder von seiten uneinsichtiger Arbeitgeber ausgeht, in beiden Fällen ist die Folge die gleiche. In der gespannten, mit Explosivstoff geladenen Atmosphäre, in der der einzelne leicht zu Übertreibungen und unüberlegten Worten verleitet wird, findet sich

---

[1]) Gew. u. Kaufm.Ger. 1926, 31. Jahrg., S. 234.

[3]) Betr.R.Zeitschr. Met.Ind. 1920, S. 216.

dann immer für den Arbeitgeber einmal eine Gelegenheit, gegen seine Betriebsvertretung vorzugehen. Man kann fast sagen, daß es in diesen Fällen dem arbeitsrechtlichen Beamten eines Betriebes nicht schwer fällt, die ihm unbequemen Betriebsratsmitglieder in absehbarer Zeit ihrer Amtsstellung entheben zu lassen. Im ersten Falle hat sich die Belegschaft eine solche Wirkung selbst zuzuschreiben, da sie ja das Amt radikalen Elementen durch die Wahl übertragen hat, im zweiten Falle werden auch vernünftige Arbeitnehmervertreter betroffen, und die Arbeitnehmerschaft hat das Nachsehen. In allen diesen Fällen kann von einer positiven Auswirkung des Betriebsrätewesens natürlich nicht gesprochen werden. Es tritt ein häufiger Wechsel der Betriebsratsmitglieder ein. Eine stetige Amtsverwaltung, die allein erfolgversprechend sein kann, ist völlig unterbunden.

Diese Erkenntnis scheint sich immer weiter durchzusetzen[1]), besonders in den Großunternehmungen. Durch die jahrelange Amtsführung eines großen Teils der Betriebsratsmitglieder, vor allem der führenden Mitglieder, ist eine gewisse Stetigkeit in den Auffassungen und Handlungen eingetreten, die fast traditionelle Form angenommen hat, und es ist kaum zu bezweifeln, daß dies für die Belegschaft günstige Wirkungen gezeitigt hat. Man kann sagen, daß in den Betrieben mit stetigen Betriebsvertretungen das Betriebsrätegesetz seine eigentliche Auswirkung findet, und nur auf diese kann sich vorliegende Arbeit in erster Linie beziehen.

Es ist schwer, einen allgemeinen Überblick über die Dauer der Zugehörigkeit der einzelnen Mitglieder zur Betriebsvertretung zu gewinnen. Auch hier sind die Verhältnisse recht verschieden. Als Typus für stetige Betriebsvertretungen kann man die Statistik des Großunternehmens ansehen, von dem auch obige[2]) Tabelle der Zusammensetzung der Betriebsvertretungen seit 1920

[1]) So schreibt z. B. das Zentralbl. d. christl. Gewerksch. 1925, Betr. u. Wirtsch, S. 23: „Bei den diesjährigen Betriebsratswahlen war ein dreifaches zu beobachten:

1. pp.
2. ein weiteres Zurückdrängen des Radikalen, der egoistischen und schmarotzerischen Splitterbewegungen und
3. ein bewußter Wille, nach nüchterner, gewerkschaftlicher Art Betriebsrätearbeit zu leisten“.

[2]) Siehe S. 20.

stammt. Dort waren von den im Juni 1926 amtierenden 340 Betriebsvertretungsmitgliedern

| | | | |
|---|---|---|---|
| 23 | Mitglieder | im 7. | Jahr |
| 14 | „ | „ 6. | „ |
| 28 | „ | „ 5. | „ |
| 39 | „ | „ 4. | „ |
| 75 | „ | „ 3. | „ |
| 97 | „ | „ 2. | „ |
| 64 | „ | „ 1. | „ |

tätig. Von den bis zur Wahl 1926 zeitweise tätig gewesenen 1229 Mitgliedern waren

| | | | |
|---|---|---|---|
| 1 | Mitglied | 6 | Jahre |
| 4 | Mitglieder | 5 | „ |
| 19 | „ | 4 | „ |
| 52 | „ | 3 | „ |
| 222 | „ | 2 | „ |
| 930 | „ | 1 | Jahr |

tätig gewesen. Für die geschäftsführenden Mitglieder ändern sich die Zahlen noch erheblich. So sind von den im Sommer 1926 amtierenden 53 Betriebsausschußmitgliedern[1]) der 10 größeren Werke dieses Konzerns

| | im Betriebsrat tätig | | | im Betriebsausschuß tätig | | |
|---|---|---|---|---|---|---|
| im 7. Jahre | 15 | Mitgl. oder | 29% | 7 | Mitgl. oder | 13% |
| „ 6. „ | 6 | „ „ | 11% | 3 | „ „ | 5,5% |
| „ 5. „ | 7 | „ „ | 13% | 6 | „ „ | 11% |
| „ 4. „ | 8 | „ „ | 15% | 5 | „ „ | 9,5% |
| „ 3. „ | 9 | „ „ | 17% | 10 | „ „ | 19% |
| „ 2. „ | 6 | „ „ | 11% | 10 | „ „ | 19% |
| „ 1. „ | 2 | „ „ | 4% | 12 | „ „ | 23% |

Das Durchschnittsalter dieser 53 Betriebsausschußmitglieder beträgt 39,5 Jahre und das Durchschnittsdienstalter 11 Jahre!

### 3. *Die Vertretung der Minderheiten.*

Ein außerordentlich wichtiger Punkt im Betriebsrätewesen ist die gerechte Vertretung der Minderheiten. Vor allem handelt es sich darum, daß infolge der zahlenmäßigen Überlegen-

[1]) In Betriebsräten mit 9 oder mehr Mitgliedern sind Betriebsausschüsse zu wählen (§ 27 BRG.).

heit der Arbeiter die Interessen der Angestellten nicht vernachlässigt werden. Schon in den Ausschußverhandlungen der Nationalversammlung hatte man sich mit dieser Frage eingehend befaßt. Es wurde sogar der Vorschlag gemacht, der Minderheit unter allen Umständen ein Drittel der Sitze zu sichern[1]). Da dies sich aber mit der sonst festgelegten Verhältniswahl nicht vereinbaren läßt, wurde der Vorschlag nicht aufgenommen.

Überhaupt sah man einer erfolgreichen Auswirkung der im Gesetz vollzogenen Verquickung der Arbeiter- und Angestellteninteressen sehr skeptisch entgegen. Vor dem Kriege hatten die Angestellten eine Zusammenarbeit mit den Organisationen der Arbeiter abgelehnt. Den kaufmännischen Angestellten brachte ihre Tätigkeit als Faktor der Distribution, der Verteilung, ganz von selbst an die Seite des Unternehmers, und der technische Angestellte konnte sich gar nichts besseres als eine gewisse Distanz zwischen sich und dem Arbeiter wünschen, um Autorität und Disziplin wahren zu können[2]). Th. Brauer warf 1920 die Frage auf, ob die durch die Not des Krieges erfolgte Annäherung zwischen Arbeiter und Angestellten nicht gerade durch das Betriebsrätegesetz wieder rückwärts geführt werden könne. Die Erfahrungen haben aber gezeigt, daß beide Parteien sich noch näher zusammengeschlossen haben. In erster Linie trifft dies für die Berliner Metallindustrie zu, wo der AfA-Bund, der kartellartig mit dem Allgemeinen Deutschen Gewerkschaftsbund zusammenarbeitet, der stärkste Verband der Angestellten ist. In ähnlichem Sinne heißt es aber auch im Organ des Gewerkschaftsringes (Hirsch-Duncker) in einer Ausführung eines Angestelltenratsmitgliedes[3]): „Was ich bei dieser Gelegenheit bemerken und auch empfehlen möchte, ist die Solidarität der Arbeiter mit den Angestellten und umgekehrt ... Eine Gruppe braucht nun nicht mit der anderen durch dick und dünn zu gehen ... Diese Solidarität und Gemeinschaft mit den Arbeitern ist bedingt, wenn ein ersprießliches Arbeiten des Betriebsrats geschehen soll. Da sind die Arbeiter immer in der Mehrzahl, und man muß mit ihnen gemeinschaftlich arbeiten, und man soll auf ein gutes Einverständnis mit ihnen hinzielen. Ein Terror der Arbeiter den Angestellten

[1]) Aktenstück Nr. 1838, S. 1907.
[2]) Th. Brauer, S. 32ff.
[3]) Wirtsch. Selbstverw. 1921, S. 140.

gegenüber hat bei uns noch niemals stattgefunden. Die Arbeiter im Betriebsrat sind wiederum auf die Angestellten im Betriebsrat angewiesen, weil die Arbeiter ihres Berufes wegen niemals solche Übersicht über das Geschäft haben können wie die Angestellten, die infolge ihrer Tätigkeit einen ganz anderen Einblick in das Geschäft und den Betrieb erhalten"[1]). Dieses schließt aber nicht aus, daß gelegentlich auch über den Betriebsräteterror der freigewerkschaftlichen Betriebsratsmitglieder geklagt wird. So wird in derselben Zeitschrift[2]) z. B. darüber Beschwerde geführt, daß sich im Hauptbetriebsrat der Reichsbahn die freigewerkschaftlichen Mitglieder für die Wahl der freizustellenden Mitglieder auf den Standpunkt der einfachen Stimmenmehrheit gestellt hätten, obwohl der Reichswirtschaftsrat auch für die Wahl der freizustellenden Mitglieder für eine Verhältniswahl einwandfrei entschieden hatte. Die nicht freigewerkschaftlichen Mitglieder hatten sich zusammengetan und würden einen Sitz für sich zu beanspruchen gehabt haben.

Das Betriebsrätewesen hat auch eine Annäherung der verschiedenen Gewerkschaftsrichtungen verursacht. Die Macht der Arbeiterbewegung liegt im Massenzusammenschluß. Ohne den Anschluß an die Gewerkschaften vermögen auch die Betriebsräte nichts auszurichten. Und auch die Ziele der Gewerkschaftsbewegung an sich führen die einzelnen Gewerkschaftsrichtungen im gewissen Sinne zusammen. Obgleich die christlichen Gewerkschaften grundsätzliche Gegner des Klassenkampfes sind und im Zentralblatt der christlichen Gewerkschaften über den roten Betriebsräteterror besonders häufig Klage geführt wird, weisen auch sie ihre Betriebsratsmitglieder zu einer Zusammenarbeit mit den anderen gewerkschaftlichen Richtungen an: „Es ist selbstverständlich, daß mit den Betriebsvertretern anderer gewerkschaftlicher Richtungen, so gut es geht, zusammengearbeitet werden muß... Das Zusammengehen mit anderen Organisationen in praktischen Einzelfragen darf nicht zu einer Listengemeinschaft führen. Überhaupt wird die Zusammen-

[1]) Es sind deshalb auch schon auf Kosten der Arbeiter mehr Angestellte in den Betriebsausschuß gewählt worden, als ihnen im Verhältnis zugestanden hätten, aber natürlich nur innerhalb derselben Gewerkschaftsrichtung.

[2]) 1926, S. 64.

arbeit mit den Kommunisten, Unionisten und Syndikalisten in den meisten Fällen ebenso unmöglich sein, wie mit den Gelben und Unorganisierten"[1]). Daß anderseits die Betriebsratsmitglieder einer Gewerkschaftsrichtung lieber unter sich sind und daß sich Bestrebungen geltend machen, die als störend empfundenen Kollegen anderer Gewerkschaftsrichtungen auszuschalten, liegt auf der Hand, kann indessen nicht über das grundsätzliche Zusammengehen in praktischen Fragen hinwegtäuschen. Anders liegt es mit den Kommunisten und den vaterländischen Arbeitern, die, besonders letztere, fast als Spione angesehen und gemeinsam abgelehnt werden. Die vaterländische Arbeiterbewegung ist heute aber noch zu klein, um eine wirkliche Gefahr für die Geschlossenheit innerhalb der Betriebsvertretungen bedeuten zu können.

Nun darf man aber nicht annehmen, daß die Angestelltenräte ein gleichartiger Niederschlag der ganzen Angestelltenschaft des Betriebes sind. Ein großer Teil der Angestelltenschaft, ganz abgesehen von dem größten Teil der leitenden Angestellten, beteiligen sich an einer Mitarbeit im Betriebsrätewesen überhaupt nicht. Die niedrigeren Ziffern der Wahlbeteiligung bei den Angestellten bestätigen dies. Oft wird dann zwar von Interesselosigkeit gesprochen: „Die Interesselosigkeit eines Teiles der Angestellten muß energisch bekämpft werden"[2]). Die Sache liegt aber so, daß national gesinnte Kreise der Angestelltenschaft (aber auch der Arbeiterschaft) die Betriebsräte als sozialistisches Instrument betrachten und vorziehen, ihre Beschwerden und Anliegen der Werkleitung direkt vorzutragen. Das schließt aber wieder nicht aus, daß bei ernsten Streitigkeiten dieselben Arbeitnehmer auf die Rechte aus dem Betriebsrätegesetz, die ihnen ja nun einmal zustehen (wie vor allem der besondere Kündigungsschutz), nicht verzichten wollen und dann doch die Dienste des Betriebsrats in Anspruch nehmen.

Immerhin bedeutet für diese Kreise der Schutz, den das Betriebsrätegesetz den Minderheiten gewährt, keine ideale Lösung. Ja, Zeiler hat sogar an einem Beispiel theoretisch nachgewiesen[3]), daß unter bestimmten Umständen diese Kreise völlig ungeschützt

---

[1]) Der Betriebsrat und seine praktische Arbeit (Christl. Gewerksch.-Verlag), S. 12.

[2]) z. B. Wirtschaftl. Selbstverw. 1921, S. 141.

[3]) N. Zeitschr. f. Arb.Recht 1925, Sp. 429.

sind. Bekanntlich dürfen nach § 19 des Betriebsrätegesetzes die Vertreter der Arbeiter und die der Angestellten in gemeinsamer Wahl aller Arbeitnehmer gewählt werden. Wenn nun die Angestellten, die weder auf freigewerkschaftlichem, noch christlichem, noch Hirsch-Dunckerschem Boden stehen, sich zu einer „Liste reiner Angestellter" zusammentun, ist es möglich, daß sie zwar nicht ganz ein Drittel der Angestellten erreichen, also zu einer gemeinsamen Wahl überstimmt werden können, daß sie aber die stärkste der vier Angestelltengruppen sind und trotzdem infolge der gemeinsamen Wahl zu keinem Betriebsratsmitglied und keinem Ergänzungsmitglied kommen. Bei getrennter Wahl wären ihnen jedoch ein Betriebsratsmitglied und ein Ergänzungsmitglied zugefallen. Aus der Praxis sind Klagen hierüber nicht laut geworden, wohl weil diese Kreise der Angestelltenschaft in der Regel auf eine Mitarbeit im Betriebsrätewesen ganz verzichten. In einem großen Konzern wurde verschiedentlich versucht, eine gemeinsame Wahl zu veranstalten. Zum Teil hatte sich bei der Abstimmung eine Zweidrittelmehrheit der Abstimmenden, aber nicht der Abstimmungsberechtigten, für die gemeinsame Wahl ergeben. In diesen Fällen hat dann der Betriebsrat die Ansicht vertreten, daß eine Zweidrittelmehrheit der abgegebenen Stimmen genüge, ist aber natürlich bei den gerichtlichen Instanzen nicht durchgedrungen[1]).

Nach § 22 des Betriebsrätegesetzes sollen bei der Zusammensetzung des Betriebsrats die verschiedenen Berufsgruppen der im Betriebe beschäftigten männlichen und weiblichen Arbeitnehmer nach Möglichkeit berücksichtigt werden. Mit anderen Worten: das Betriebsrätegesetz will, daß auch die anderen Strömungen und Differenzierungen innerhalb der Belegschaft neben solchen gewerkschaftlicher Art in den Betriebsvertretungen vertreten sein sollen, damit in möglichst vielen Fällen die Betriebsvertretung die zur Erledigung anstehende Streitsache aus eigener Erfahrung zu beurteilen weiß. Was nun die Vertretung der einzelnen Berufsgruppen anbelangt, so geben sich die Gewerkschaften Mühe, die vorgeschriebenen Rücksichten zu beachten. Allein Anlagen und Fähigkeiten der einzelnen Persönlichkeit treten bei der Aufstellung der Wahllisten, die ja in engster Zusammenarbeit

[1]) Aus einem unveröffentlichten Jahresbericht eines Betriebsrats.

mit den Gewerkschaften aufgestellt werden, in den Vordergrund. Gelegentlich wird den nationalen und radikalen Verbänden eine absolut einseitige Zusammensetzung nach politischen Gesichtspunkten vorgeworfen. Jedoch infolge der großen zahlenmäßigen Unterlegenheit dieser Verbände wird die Berücksichtigung der Berufsgruppen noch schwieriger sein, namentlich wenn sich ihre Angehörigen auf die einzelnen Berufe ungleichmäßig verteilen. Überdies ist die Berücksichtigung der Berufsgruppen bei den modernen Arbeitsmethoden nicht so ausschlaggebend, da sich durch Einführung der Maschine die Abgrenzung der Berufsgruppen sehr verwischt hat und es sogar häufig vorkommt, daß ein Angehöriger einer Berufsgruppe morgen in einer anderen Berufsgruppe beschäftigt wird.

Auffallend ist die geringe Zahl der weiblichen Mitglieder in den Betriebsvertretungen. Im Reichsarbeitsministerium ist man der Ansicht[1]), daß die weiblichen Arbeitnehmer in der Betriebsvertretung „noch nicht" die Stellung einnehmen, die sie ihrer zahlenmäßigen Bedeutung nach einnehmen könnten. Es ist aber sehr zweifelhaft, ob diese Folgerung schlüssig ist. Es wird nämlich verschiedentlich, jedenfalls in der Berliner Metallindustrie, beobachtet, daß die weiblichen Arbeitnehmer in der Betriebsvertretung „nicht mehr" die Stellung einnehmen, die sie anfangs eingenommen hatten. Die auffallend geringe Beteiligung der Frau ist jedenfalls allgemeine Tatsache[2]). Es ist nicht ganz leicht, hierfür die richtige Begründung zu finden. Im Organ des Metallarbeiterverbandes heißt es[3]): „Die Frauen sind in der

---

[1]) Else Lüders im Reichsarbeitsblatt vom 24. Januar 1926.

[2]) Es sei auf ein Beispiel in einem Werk der Berliner Metallindustrie verwiesen, das vornehmlich Frauen beschäftigt. Eine seit 1921 abnehmende Beteiligung der Frau (im Verhältnis zur Belegschaftsziffer) ist hier allerdings nicht ersichtlich. Dort waren

| im Jahre | ..... Arbeiter beschäftigt | | im Arbeiterrat ..... Mitglieder | |
|---|---|---|---|---|
| | männl. | weibl. | männl. | weibl. |
| 1921 | 646 | 3643 | 12 | 6 |
| 1922 | 640 | 3450 | 12 | 5 |
| 1923 | 767 | 4070 | 13 | 5 |
| 1924 | 672 | 2229 | 9 | 5 |
| 1925 | 570 | 2070 | 11 | 3 |
| 1926 | 599 | 1843 | 11 | 2 |

[3]) Betr.R.Zeitschr. Met. Ind. 1925, S. 122.

Regel impulsiv und hart im Urteil, besonders gegenüber ihren eigenen Geschlechtsgenossinnen. Dies macht auch den häufigen Wechsel in der Betriebsvertretung in Betrieben mit ausschließlich weiblicher Belegschaft begreiflich.“ Sehr einleuchtend ist die Beobachtung des Thüringer Gewerbeaufsichtsbeamten[1]): „Frauen begründeten ihre Stellungnahme vielfach mit der Überlastung durch ihren Haushalt.“ Aber die Tatsache, daß auch berichtet wird, daß in Betrieben mit überwiegend oder ausschließlich weiblichen Arbeitnehmern die Arbeitnehmerschaft es beharrlich ablehne, eine Betriebsvertretung zu wählen, weil es in Rücksicht auf das gute Einvernehmen mit dem Arbeitgeber nicht notwendig sei[2]), läßt vermuten, daß auch noch andere Gründe hinzukommen. Auch die konstitutionelle Veranlagung der Frau wird sich hier auswirken. Wahrscheinlich läßt das intuitive Empfinden der Frau diese an die mit dem Betriebsrätegesetz verknüpften Ideologien kritischer herantreten.

---

[1]) Jahresber. f. d. Jahr 1922, Bd. III, S. 6. 10.

[2]) Jahresber. d. Gewerb.Aufs.Beamt. f. d. Jahr 1920, Stadt Berlin, Bd. I, S. 116.

## IV. Die Tätigkeit der Betriebsvertretungen.

### *1. Die Betriebsvertretung als Beschwerdeinstanz und Vertreter der Interessen der Arbeitnehmer.*

Der Teil des Betriebsrätegesetzes, der anerkanntermaßen am meisten zur Auswirkung gekommen ist und somit den in der Praxis wichtigsten Teil des Betriebsrätegesetzes bildet, ist der Aufgabenkreis, der sich auf die Wahrnehmung der gemeinsamen wirtschaftlichen Interessen der Arbeitnehmer erstreckt.

Hiergegen wird zwar von Arbeitnehmerseite verschiedentlich geltend gemacht, daß eine bessere Auswirkung auf anderen Gebieten des Betriebsrätegesetzes infolge Sabotage von seiten der Arbeitgeber nicht möglich sei. Für die allgemeinen Verhältnisse läßt sich dieser Einwand aber ernstlich nicht aufrechterhalten, wie auch der Betriebsrätesekretär des Allgemeinen Deutschen Gewerkschaftsbundes, Clemens Nörpel, schon 1922 seiner Überzeugung dahin Ausdruck gab, daß „von einer ausgesprochenen Sabotage der Unternehmer gegen das Betriebsrätegesetz nicht geredet werden kann“[1]). Die Arbeitgeberverbände hatten auch von vornherein erklärt, daß die gesetzlichen Bestimmungen des Betriebsrätegesetzes restlos durchgeführt würden[2]). Es wurde jedoch gleichzeitig betont, daß sie nicht gewillt seien, auch nur einen Schritt über das Betriebsrätegesetz hinauszugehen. Oft gehen die Verbände im Übertretungsfalle gegen ihre Verbandsangehörigen mit hohen Konventionalstrafen vor. Ebenso wie die

---

[1]) Betriebsrätezeitung 1922, S. 99. Ähnlich schreibt auch die Betr.R.Zeitschr. Met.Ind. 1923, S. 225ff., daß die Einengung der Rechte der Betriebsvertretungen dem Betriebsrätegesetz zuzuschreiben sei, das dem Unternehmer Maschen offen lasse, durch die er hindurchschlüpfen könne.

[2]) Der Arbeitgeber 1920, S. 269.

Betriebsvertretungen praktisch an die Stellungnahme der Gewerkschaften gebunden sind, so auch die Arbeitgeber an die Grundsätze ihrer Verbände, die in Parallele mit der theoretischen, wirklichkeitsfremden Arbeitsweise der Gewerkschaften ihrerseits dazu neigen. das Arbeitsrecht von einem formal-juristischen Gesichtspunkt aus zu betrachten.

Die Vertretung der wirtschaftlichen Interessen der Arbeitnehmer im Betriebsrätegesetz ist nichts Neues, ist vielmehr der Gedanke, der schon den alten Arbeiterausschüssen zugrunde lag. Und man kann sagen, daß, wenn dieser Teil des Betriebsrätegesetzes die wichtigste Auswirkung erfahren hat, das Betriebsrätegesetz dieser von den alten Arbeiterausschüssen übernommenen Idee seine Lebensfähigkeit in erster Linie verdankt.

Wie aus der Statistik der Arbeitsgerichte hervorgeht[1]), stehen die Streitigkeiten aus § 84ff. des BRG. (besonderer Kündigungsschutz) an der Spitze. In Berlin ist die Beobachtung gemacht worden, daß heute (Sommer bis Herbst 1926) die Betriebsvertretungen in diesen Streitsachen häufig erst auf besonderes Drängen der Arbeitnehmer hin die Arbeitsgerichte anrufen, da sie selbst, oft unberechtigt, nicht an einen Erfolg glauben. Meist geschieht dies dann, ohne vorher nach § 86 des BRG. mit dem Arbeitgeber verhandelt zu haben, wodurch auch in berechtigten Fällen die Entscheidung negativ ausfallen muß. Es ist fraglich, ob diese Beobachtung verallgemeinert werden kann. Es soll aber eine gewisse Resignation der Betriebsvertretungen festzustellen sein. Daß in Zeiten besserer Konjunktur von den Betriebsvertretungen auch weniger stichhaltige Kündigungseinsprüche weitergegeben werden — und hieraus entsteht dann leicht die Annahme der Arbeitgeber, daß die Betriebsvertretung grundsätzlich jeden Einspruch weitergebe —, liegt in der Natur der Sache, da der einzelne wohl immer an die Berechtigung seines Standpunktes glaubt und die Betriebsvertretung ihn oft auch nicht vom Gegenteil überzeugen kann.

Ein sehr heikler Punkt in der Kündigungsbeschränkung ist § 84 Ziff. 4, das Einspruchsrecht im Falle einer unbilligen, nicht durch das Verhalten des Arbeitnehmers oder durch die Verhältnisse des Betriebes bedingten Härte. Der Begriff der unbilligen

---

[1]) Siehe S. 72.

Härte, der im Gesetz nicht näher begrenzt ist, ist ein so dehnbarer, daß durch verschiedene Auslegung leicht die Rechtssicherheit leiden kann. Viele Arbeitgeber erzählen von trüben Erfahrungen, die sie auf diesem Gebiete gemacht haben. Es soll Arbeitgeberbeisitzer geben, die dazu neigen, allein schon in der Tatsache der Kapitallosigkeit des Arbeitnehmers gegenüber einer finanzkräftigen Firma eine unbillige Härte zu sehen, und wenn sie nach solchen Gedankengängen allein auch nicht ihr Urteil abgeben können, sich doch stark von ihnen beeinflussen lassen[1]). Es gehört ja aber zu den Eigentümlichkeiten des Arbeitsrechts, daß in Zeiten der Wirtschaftskrisen der Vorteil der Arbeitnehmer ein relativ geringerer ist.

Es ist in weiten Kreisen beanstandet worden, daß der in § 84 des BRG. festgelegte Entlassungsschutz nur einem Teil der Arbeitnehmerschaft zugute kommt. Der § 84 ist nämlich nur auf Betriebe anwendbar, in denen ein Betriebsrat besteht, also in Betrieben von mindestens 20 Arbeitnehmern. In Betrieben, in denen nur ein Betriebsobmann gewählt ist (Betriebe von 5 bis 19 Arbeitnehmern), findet er keine Anwendung. Nach den Ergebnissen der gewerblichen Betriebszählung vom 12. Juni 1907[2]) wurden in Betrieben mit je 1 bis 20 Arbeitnehmern 6057164 Personen und in Betrieben mit je 21 und mehr Arbeitnehmern 6915576 Personen gezählt[3]). Den Arbeitnehmern in Zwerg-

---

[1]) Beispiele führt Lange (Berlin-Halensee) in der N. Zeitschr. f. Arb.Recht 1926, Sp. 86, an: „Wenn daher der Schlichtungsausschuß Karlsruhe folgert: ‚daß nun die Kündigung eine unbillige Härte ist, kann bei der gegenwärtig für die Kellner ungünstigen Lage des Arbeitsmarktes nicht bezweifelt werden', der Schlichtungsausschuß Plauen seine Entscheidungsgründe dahin zusammenfaßt: ‚Wenn die Kläger infolge ihres Vergehens ihre Arbeit verlieren, so haben sie unter den gegenwärtigen Verhältnissen wenig Aussicht, andere Arbeit zu bekommen', und das Kaufmannsgericht Berlin bei den großen Personaleinschränkungen Ende 1923 allen Einsprüchen unterschiedslos stattgegeben hat, weil die ‚seit langer Zeit beschäftigten Kläger voraussichtlich mehrere Monate arbeitslos sein würden', so haben diese Stellen den Tatbestand nicht mehr nach dem Gesetz entschieden."

[2]) Statistik des Deutschen Reiches, Bd. 213, S. 42—43.

[3]) Abgesehen von der im Laufe der Jahre erfolgten Veränderung ist zu berücksichtigen, daß die eine Größenklasse der Statistik die Betriebe von 12—20 Arbeitnehmern erfaßt, die Grenze also nicht bei 19 Arbeitnehmern liegt, wie es für Betrachtungen über das Betriebsrätegesetz

betrieben bleibt nur der Weg, das ordentliche Gericht anzurufen, das aber nicht auf Grund des besonderen Schutzes des Betriebsrätegesetzes entscheiden kann. Außerdem sind die Kosten beim ordentlichen Gericht mitunter nicht gering und erhöhen sich noch im Falle der Annahme einer Vertretung.

Im ersten Jahre nach Inkrafttreten des Gesetzes wurden in der Praxis des Schlichtungsausschusses Groß-Berlin häufig endgültige Entscheidungen auf Grund des § 87 des BRG. auch bei Beschwerden von Arbeitnehmern in Zwergbetrieben gefällt[1]). Im Bereiche des Schlichtungsausschusses Mannheim machten damals auch die Gewerkschaften den Versuch, bei Beschwerden von Arbeitnehmern in Zwergbetrieben eine Entscheidung dadurch herbeizuführen, daß sie selbst die Beschwerden beim Schlichtungsausschuß einreichten. Diese Auffassungen gelangten aber nicht zur Anerkennung.

Es wird allgemein darauf hingewiesen, daß ein triftiger Grund für die unterschiedlichen Rechte der Arbeitnehmer in Zwergbetrieben und größeren Betrieben nicht gefunden werden kann und daß den Arbeitnehmern diese Bestimmung des Betriebsrätegesetzes nicht verständlich sein könne[2]). Erdel will geltend machen[3]), daß gegen den Wegfall des besonderen Schutzes der Arbeitnehmer in Zwergbetrieben bei normalen Wirtschaftsverhältnissen nichts mehr eingewendet werden könne, da es in diesen Betrieben mehr als in den Großbetrieben auf gutes persönliches Einvernehmen zwischen Arbeitgeber und Arbeitnehmer ankomme. Hueck sieht eine Erklärung darin[4]), daß das Gesetz nicht in erster Linie für den einzelnen Arbeitnehmer besondere Rechte begründen, sondern eine Mitwirkung oder ein gewisses Kontrollrecht der Betriebsvertretung schaffen will.

Mit der Hueckschen Erklärung würde man auch andere Beanstandungen widerlegen können, die sich auf die Kündigungsbeschränkung in den für sie in Betracht kommenden Betrieben (mit mindestens je 20 Arbeitnehmern) beziehen. Vom Gewerkschafts-

---

notwendig wäre, und daß sich die Zählung auf das alte Reichsgebiet erstreckte.

[1]) Mitteil. d. Schlicht.Aussch. Gr.-Berlin 1920, S. 327.

[2]) So z. B. Betr.R.Zeitschr. Met.Ind. 1925, S. 351.

[3]) Wirtsch. Selbstverw. 1920, S. 119.

[4]) N. Zeitschr. f. Arb.Recht 1924, Sp. 26.

ring (Hirsch-Duncker) wird nämlich daran scharfe Kritik geübt[1]), daß ein Verfahren gegen Kündigungen und Entlassungen nur dann anhängig gemacht werden kann, wenn die Betriebsvertretung den Einspruch des gekündigten Arbeitnehmers als berechtigt anerkannt hat, daß der Betriebsvertretung also ein direktes Recht der Entscheidung zusteht. Dieses Recht sei zu weitgehend, es sei nur ein Recht der Gruppenräte auf Vorprüfung zu befürworten, das im Falle, daß es zu keiner Einigung kommt, eine endgültige Nachprüfung durch das Arbeitsgericht nicht ausschließen dürfe. Wenigstens so lange, als keine Gewähr dafür gegeben sei, daß sich die Betriebsvertretungen bei der Prüfung eingehender Einsprüche ausschließlich von rein sachlichen Gesichtspunkten leiten lassen, wie es bei der herrschenden Zersplitterung auf gewerkschaftlichem und politischem Gebiete in absehbarer Zeit wohl schwerlich der Fall sein werde.

Der besondere Entlassungsschutz kommt aber auch in Wegfall, wenn die Arbeitnehmerschaft auf die Wahl einer Betriebsvertretung verzichtet hat. Dies trifft auch für eine Gruppe (Arbeiter oder Angestellte) zu, wenn sie von der Wahl eines Gruppenrats (Arbeiter- oder Angestelltenrats) abgesehen hat, da sich die Befugnis des nur aus der anderen Gruppe bestehenden Betriebsrats in dieser Hinsicht nicht auf die Wahrnehmung der Interessen der Gruppe erstreckt, die sich an der Wahl nicht beteiligt hat.

In Berlin gibt es eine große Anzahl Betriebe, in denen trotz des Vorhandenseins der Vorbedingungen keine Betriebsvertretungen vorhanden sind. Es wird dies zum Teil mit einer gewissen Wahlmüdigkeit erklärt, die eine Folge der Enttäuschung über die Erwartungen sei, die man bei Inkrafttreten des Gesetzes gehegt hatte. Die Ansicht maßgebender Kreise des Deutschen Metallarbeiterverbandes geht aber dahin, daß von dieser Erscheinung in der Berliner Metallindustrie vornehmlich kleinere Betriebe betroffen seien. Der Grund läge in der Eigenart der kleineren Betriebe. daß der Unternehmer die Kosten der Freistellung der Betriebsvertretungsmitglieder weniger tragen könne und die Betriebsvertretungsmitglieder die ihnen durch ihr Amt erwachsende Arbeit außerhalb der Arbeitszeit nicht übernehmen wollen. Man wird

---

[1]) Wirtsch. Selbstverw. 1922, S. 105.

aber auch nicht fehlgehen, wenn man einen weiteren Grund in der bei kleiner Belegschaft schwierigeren Auswahl der Betriebsratsmitglieder und in der damit verbundenen Wahrscheinlichkeit erblickt, daß die Arbeitnehmer mit weniger fähigen Betriebsratsmitgliedern schlechte Erfahrungen gemacht haben. Von einer sog. Wahlmüdigkeit kann aber kaum gesprochen werden, da die Ziffern der Wahlbeteiligung nicht abgenommen haben. Dort, wo Wahlen getätigt wurden, ist das Interesse nach wie vor vorhanden. Dagegen ist eine gewisse Amtsmüdigkeit zu beobachten. So heißt es im Bericht der Berliner Gewerbeaufsichtsbeamten für die Jahre 1923 und 1924[1]: „Weit häufiger sind die Fälle, in denen eine Wahl wegen fehlender Wahlvorschläge oder Ablehnung der Wahl seitens der Vorgeschlagenen nicht zustande kommt. Die Wahlenthaltung hat ihre wesentlichste Ursache in der Abneigung der Arbeitnehmer gegen das Gebahren radikaler Elemente in den Betriebsvertretungen und die dadurch hervorgerufenen dauernden Streitigkeiten, bei der ungünstigen Beschäftigungslage zum geringeren Teil in der Befürchtung der Arbeitnehmer, sich durch die Tätigkeit im Betriebsrat Unannehmlichkeiten und der Gefahr der Entlassung auszusetzen. Die Berechtigung dieser Befürchtung ist bei der Abneigung einzelner Unternehmer gegen die Betriebsräte nicht von der Hand zu weisen. Bei einem großen Versicherungskonzern kam z. B. die Wahl der Betriebsvertretung nicht zustande, weil die Betriebsleitung für diesen Fall Gehaltserhöhung in Aussicht gestellt hatte."

In der Praxis des Betriebsrätegesetzes ist es aber auch schon vorgekommen, daß die Kündigungsbeschränkung ganz außer Kraft gesetzt werden mußte. Im Art. 16 der Reichspersonalabbauverordnung[2]) wurde verfügt, daß auf Grund der Verordnung gekündigte Angestellte und Arbeiter, die ihre Bezüge aus öffentlichen Mitteln erhalten, den ihnen nach dem Betriebsrätegesetz zustehenden Einspruch gegen die Kündigung nicht mehr damit begründen können, daß in der Kündigung eine unbillige, nicht durch ihr Verhalten oder die Verhältnisse des Betriebes begründete Härte liege.

Entbehrt wird der besondere Entlassungsschutz des Betriebsrätegesetzes innerhalb der Gewerkschaftsbewegung zur Sicherung

[1]) Bd. I, S. 71.
[2]) Vom 27. 10. 23 (RGBl. 1923 I, S. 1006).

der besoldeten Gewerkschaftsbeamten, da dieser Entlassungsschutz in „Tendenzbetrieben“, zu denen auch die Gewerkschaften gehören, in Wegfall kommt. Allerdings scheint man daran zu zweifeln, ob der Schutz des Betriebsrätegesetzes überhaupt ausreichend sein würde, wenn seine Anwendung zur Sicherung der Gewerkschaftsbeamten möglich sei, während sonst an dem Umfang des durch das Betriebsrätegesetz gewährleisteten Entlassungsschutzes von seiten der Arbeitnehmerschaft kaum Kritik geübt worden ist. Man hat hier auf den Weg der Selbsthilfe hingewiesen und den Vorschlag gemacht, daß unter Beseitigung der entgegenstehenden Beschlüsse diese Gewerkschaftsbeamten sich zu einer „Gewerkschaft der besoldeten Gewerkschaftsfunktionäre“ zusammenschließen sollen[1]).

Die gemäß § 78 Ziff. 7 auch den Betriebsvertretungen übertragene Sorge für die Kriegs- und Unfallbeschädigten bedeutet für sie eine praktisch recht geringe Belastung, da von Arbeitgeberseite die Verpflichtungen aus der Schwerbeschädigtengesetzgebung meist freiwillig erfüllt werden[2]).

Auch der in § 66 Ziff. 4 und 78 Ziff. 1 festgelegten Aufgabe, die Durchführung der anerkannten Schiedssprüche zu überwachen, dürften in der Praxis keine erheblichen Schwierigkeiten entgegenstehen. Zum Teil wickeln sich nämlich schon die Streitigkeiten an sich in voller Ruhe ab, vorausgesetzt natürlich, daß die Beziehungen zwischen Arbeitgeber und Betriebsvertretung an sich friedlich sind. Es kommen immer Fälle vor, in denen man sich nicht einigen kann. Dann wird von beiden Seiten Wert darauf gelegt, ein unparteiisches Urteil zu hören. Mitunter ist es in

---

[1]) J. Fries im Gewerkschaftsarchiv 1926, Bd. IV, H. 5, S. 228.

[2]) Nach einer Veröffentlichung von einer dem Reichsarbeitsministerium nahestehenden Seite (N. Zeitschr. f. Arb.Recht 1924, Sp. 269) war es mit Hilfe der Schwerbeschädigtengesetzgebung gelungen, rund 350000 in ihrer Erwerbsfähigkeit schwer beschränkte Personen, 250000 Schwerkriegsbeschädigte und 100000 Schwerunfallbeschädigte, im Wirtschaftsleben unterzubringen und von öffentlicher Unterstützung unabhängig zu machen. Nach einer gegen Ende des Jahres 1923 vorgenommenen Zählung gab es nur gegen 18000 erwerbslose Schwerkriegsbeschädigte, von denen die Hälfte wegen der Schwere ihres Leidens als absolut arbeitsuntauglich anzusehen ist. Wenn auch die Wirtschaftskrise diese günstigen Verhältnisse beeinträchtigt hat, so sollen doch die Verhältniszahlen der erwerbslosen Schwerbeschädigten ungleich geringer als die der erwerbsfähigen Arbeitnehmer sein.

Berlin auch üblich, möglichst zu vermeiden, immer gleich zum Kadi zu laufen, vielleicht weniger in der Metallindustrie, als z. B. im Einzelhandel. In diesen Fällen finden Streitigkeiten meist durch Verhandlungen unter Hinzuziehung von mehreren Mitgliedern der beiden Parteien einschließlich ihrer Verbände in paritätischer Besetzung ihre Erledigung. Andere Arbeitgeber wieder legen Wert darauf, möglichst jeden Prozeß vor dem Arbeitsgericht zu gewinnen und somit ihr Prestige zu festigen, und zeigen dementsprechend in zweifelhaften Sachen der Betriebsvertretung gegenüber ein weitgehendes Entgegenkommen. Daß aber dort, wo das Verhältnis zwischen beiden Parteien ein recht unerfreuliches ist, die Streitigkeiten in weniger ruhiger Form ausgetragen werden, braucht auch an dieser Stelle nicht besonders betont zu werden. Grundsätzlich und ganz allgemein kann aber behauptet werden, daß die Arbeitgeber in der Regel die ihnen durch Schiedssprüche und Urteile auferlegten Verpflichtungen loyal erfüllen und sich auch bei Urteilen, die durch Formfehler beanstandet werden könnten, nicht der Durchführung der Entscheidung entziehen, was auch von arbeitsgerichtlicher Seite bestätigt wird[1]). Bei der Gerichtsverhandlung selbst aber haben die Arbeitgeber oft günstige Gelegenheit, sich die Nichtinnehaltung der durch das Gesetz vorgeschriebenen Formalitäten von seiten der Betriebsvertretungen (§ 32 und 33, sowie 84ff. des BRG.) zunutze zu machen. Zahlreiche Beschlüsse der Betriebsräte sind aus diesen Gründen von den Gerichten oder Schlichtungsausschüssen für nichtig erklärt worden[2]). Es liegt im Interesse der Arbeitnehmer, wenn die Gewerkschaften immer wieder von neuem in ihren Betriebsrätezeitungen hierauf hinweisen, da besonders der Arbeiter auf bureaumäßige Förmlichkeit nicht eingestellt ist.

Die Tätigkeit der Betriebsvertretungen zur Wahrnehmung der wirtschaftlichen Interessen der Arbeitnehmer ist aber nicht nur für den Arbeitnehmer, sondern auch für den Arbeitgeber in positivem Sinne zu werten. Denn die Betriebsvertretung ist zweifellos als Beschwerde„instanz“ anzusehen, die eine Fülle von Beschwerden allen möglichen Inhalts selbständig erledigt und hiermit der Betriebsleitung einen Teil der ihr früher zugefallenen

---

[1]) Gew. u. Kaufm.Ger., 31. Jahrg., Sp. 186.

[2]) Gew. u. Kaufm.Ger., 31. Jahrg., Sp. 234.

Arbeit abnimmt[1]). Es findet auch eine Reihe von Streitigkeiten in geregelter Form ihre Erledigung, die früher zwischen Arbeitern und Meistern (auch sozialdemokratischen) mit der Faust ausgetragen wurden, wobei die Meister in der Regel den kürzeren zogen, und die dem Arbeitsfrieden durchaus nicht förderlich waren. Die Arbeitgeber, die behaupten, daß die Betriebsvertretungen grundsätzlich jede Beschwerde weitergeben, dürften sich im Irrtum befinden. Allerdings, wo das Verhältnis zwischen Arbeitgeber und Arbeitnehmer gespannt ist, sei es durch Verschulden einer wenig einsichtigen Betriebsvertretung, sei es durch Verschulden eines nicht sozial eingestellten Arbeitgebers, bildet die Weitergabe jeder Beschwerde ein beliebtes Kampfmittel. Hier ist besonders auf den Unterschied zwischen stetiger und nicht stetiger Betriebsvertretung hinzuweisen. Bei einem stetigen Betriebsrat ist die Auslese bei der Weitergabe von Beschwerden und Eingaben eine Frage des Prestiges: „Destomehr ist dann sein Wort gewichtig, und umso größeren Einfluß wird er bei den Arbeitgebern haben, wenn der Arbeitgeber weiß, daß der Angestelltenrat nur in gerechten Sachen sich voll einsetzt"[2]).

Nach § 66 Ziff. 6 des BRG. hat der Betriebsrat auch die Aufgabe, das Einvernehmen innerhalb der Arbeitnehmerschaft sowie zwischen ihr und dem Arbeitgeber zu fördern und für Wahrung der Vereinigungsfreiheit der Arbeitnehmerschaft einzutreten. Diese Bestimmung steht in Verbindung mit dem Art. 159 der Reichsverfassung, der die Vereinigungsfreiheit für jedermann und für alle Berufe gewährleistet. Hier ist man nun auf den Gedanken gekommen, daß dieser Art. 159 nur das Recht zur Vereinigung, nicht aber auch das Recht, sich nicht zu vereinigen, umfassen könne (also eine gewisse Vereinigungspflicht anzunehmen sei, welchen Ausdruck die Verfassung aber nicht angewendet hat), und darüber ist eine lebhafte Diskussion eröffnet worden, die noch nicht zur Ruhe gekommen ist[3]).

---

[1]) Die Vorentscheidung der Betriebsvertretung als Vorbedingung zur Eröffnung des Verfahrens vor dem Arbeitsgericht ist direkt als Tätigkeit einer „ersten Instanz" zu werten. Ebenso Michel in N. Zeitschr. f. Arb.Recht 1925, Sp. 522.

[2]) Erfahrungen eines Angestelltenratsmitgliedes, in Wirtsch. Selbstverwaltung 1921, S. 140.

[3]) Arbeitsrecht 1926, Sp. 360, Kaskel, S. 233.

Für das Betriebsrätegesetz ist diese Frage aber von wesentlicher Bedeutung. Denn bei Unterstellung der Auslegung, daß der Art. 159 das Recht, sich nicht zu vereinigen, nicht umfasse, wäre für die Betriebsräte das Recht abzuleiten, auf die Nichtorganisierten einen Druck auszuüben. Zwar stände diesem Recht noch immer die Aufgabe entgegen, gemäß § 66 Ziff. 6 Halbsatz 1 das Einvernehmen innerhalb der Arbeitnehmerschaft zu fördern. Aber auch hier hat man einen Ausweg gefunden. Dr. E. Fraenkel macht im „Arbeitsrecht" folgendes geltend[1]): In der übergroßen Mehrzahl der Fälle sei das Einvernehmen innerhalb der Arbeitnehmerschaft nicht erst durch den Druck der organisierten Arbeitnehmer auf den unorganisierten Kollegen gestört worden, sondern durch die Tatsache, daß dieser der Gewerkschaft ferngeblieben sei; das Betriebsratsmitglied handele völlig im Sinne des § 66 Ziff. 6 Halbsatz 1[2]), wenn es das unorganisierte Belegschaftsmitglied durch legale Mittel zum Beitritt zu veranlassen suche. Einige Zeilen später heißt es dann trotzdem: „Das individuelle Freiheitsrecht hat in der Verfassung seine abschließende Regelung gefunden." Mit anderen Worten: Freiheit für alle, jedoch nur innerhalb der vorgeschriebenen Gedankenrichtung, in diesem Falle innerhalb des Gewerkschaftsgedankens; wer anders denkt, stört das Einvernehmen innerhalb der Arbeitnehmerschaft[3]) und ist

[1]) 1926, Sp. 360.

[2]) Der § 66 Ziff. 6 lautet: „Der Betriebsrat hat die Aufgabe:
6. Das Einvernehmen innerhalb der Arbeitnehmerschaft sowie zwischen ihr und dem Arbeitgeber zu fördern und für Wahrung der Vereinigungsfreiheit der Arbeitnehmerschaft einzutreten."

[3]) D. h. das Einvernehmen des Hundertsatzes der Arbeitnehmerschaft, der organisiert ist. Es betrugen die Mitgliederzahlen der wichtigsten Gewerkschaften:

| | Ende 1913 | 1923 i. Durchschn. | Ende 1924 |
|---|---|---|---|
| der Angestelltenverbände | 941 343 | 1 422 646 | 1 447 809 |
| der freien Gewerkschaften | 2 525 042 | 7 063 158 | 3 975 002 |
| der christlichen Gewerkschaften | 341 735 | 937 920 | 612 952 |
| der Hirsch-Dunckerschen Gewerkschaften | 106 618 | 216 497 | 147 280 |
| Summe: | 3 914 738 | 9 640 221 | 6 183 043 |

(Statist. Jahrbuch f. d. D. Reich 1915, S. 431ff., und 1926, S. 463ff.) gegenüber im ganzen 11,3 Mill. Arbeitnehmer nach der gewerblichen Betriebszählung vom 12. Juni 1907 (früheres Reichsgebiet, Statist. Jahrb. f. d. D. Reich 1924/25, S. 78).

gegenüber dem von seiten der Betriebsräte, wenn auch nur mit legalen Mitteln, gehandhabten Gewissensdruck vogelfrei.

Difficile est satiram non scribere!

## 2. *Das Mitberatungs-, Mitwirkungs- und Mitbestimmungsrecht.*

### a) Allgemeines.

Im Betriebsrätegesetz ist ein Recht der Mitberatung, Mitwirkung und Mitbestimmung festgelegt. Eine scharfe Abgrenzung der einzelnen Begriffe ist schwer möglich. In der Begründung des Gesetzes wird nur in bezug auf den Aufsichtsratsparagraphen (§ 70 des BRG.) von einem Mitbestimmungsrecht gesprochen und zwischen diesem „Mitbestimmungsrecht durch Entsendung von Vertretern des Betriebsrates in den Aufsichtsrat“ und dem „im allgemeinen gewährten Mitberatungsrecht“ ausdrücklich unterschieden[1]). In der arbeitsrechtlichen Spruchpraxis findet sich ein Versuch einer Begriffsbestimmung in einem Spruch des Zentralschlichtungsausschusses beim Reichsarbeitsministerium vom 19. September 1922[2]): „Der Begriff der Mitwirkung reicht über den der Mitberatung hinaus und an den der Mitbestimmung nicht heran.“ Dieser salomonische Spruch ist aber höchstens dazu angetan, den sprachlichen Unterschied der Worte zu betonen. Wo aber die Grenzen der einzelnen Begriffe zu setzen sind, ist hieraus nicht zu entnehmen. Kaskel spricht sowohl von einem „Mitbestimmungsrecht“, als auch nur von einer „Mitwirkung“ bei Kündigungen und Entlassungen[3]).

Die Begrenzung des Begriffes „Mitberatung“ ist eher möglich, wenn man unter Mitberatung nur die Fälle verstehen will, in denen dem Arbeitgeber vorgeschrieben ist, die Betriebsvertretung anzuhören, nicht aber die Verpflichtung auferlegt ist, sein Handeln hierdurch beeinflussen zu lassen. Schwieriger gestaltet sich die Bestimmung der Grenzen zwischen der „Mitwirkung“ und der „Mitbestimmung“, welche beiden Begriffe zusammen alle die Fälle umfassen würden, die nicht unter die eben gegebene Begriffsbestimmung der Mitberatung fallen. Streng genommen hat die Betriebsvertretung nur im Aufsichtsratsparagraphen ein

---

[1]) Verfass. geb. Deutsch. Nation.Vers., Aktenst. Nr. 928, S. 22.

[2]) In Mitteil. d. Schlicht.Aussch. Gr.-Berlin, 5. Jahrg. 1923, S. 6.

[3]) Kaskel, Arbeitsrecht, z. B. S. 122 und S. 251.

Mit„bestimmungs"recht, da der Betriebsvertretung nur in den Aufsichtsratssitzungen ein Recht auf Sitz und „Stimme" in allen Sitzungen gewährt ist. Demnach würde man in allen anderen Fällen nur von einem Mitwirkungsrecht sprechen können.

Diese Auffassung kann aber die wahre Sachlage nicht voll erfassen und auch nicht die große Aufregung erklären, die die Erschaffung des Betriebsrätegesetzes unter den Unternehmern verursacht hatte. Es darf vielmehr nicht übersehen werden, daß in vielen Punkten der Arbeitgeber gezwungen ist, die Vorschläge und Anliegen der Betriebsvertretungen zu berücksichtigen, und daß im Falle des Nichtzustandekommens einer Einigung zwischen ihm und der Betriebsvertretung diese berechtigt ist, die richterliche Behörde anzurufen, die über den Streitfall endgültig entscheidet. Diese endgültige Entscheidung greift aber in die Handlungsfreiheit des Arbeitgebers ein und stellt doch ein gewisses indirektes Mitbestimmungsrecht der Betriebsvertretung dar, da das Arbeitsgericht sich erst auf Anruf der Betriebsvertretung mit der betreffenden Streitsache befaßt. Die Betriebsvertretungen machen von diesem Rechte auch weitgehenden Gebrauch. Nach der Statistik wurden im Jahre 1924 die Arbeitsgerichte in 99% der Fälle von der Arbeitnehmerschaft, also nur in 1% der Fälle vom Arbeitgeber angerufen[1]).

Der Einfluß des Mitwirkungs- und Mitbestimmungsrechts auf die Tätigkeit der Betriebsleitung hat sich aber bei weitem nicht in dem Maße ausgewirkt, als bei Inkrafttreten des Gesetzes befürchtet wurde und man auf Grund des oft sehr programmatischen Wortlautes des Gesetzes annehmen konnte. Auf die Vorgänge der Produktion erstreckt sich außer dem Recht der Mitbestimmung in den Aufsichtsratssitzungen ein Mitbestimmungsrecht überhaupt nicht, auch nicht ein indirektes Mitbestimmungsrecht. Und in der Auswirkung der Kündigungsbeschränkungen gemäß § 84 ff. haben die Unternehmer von ihrem Recht, sich von der Pflicht der Wiedereinstellung oder Weiterbeschäftigung durch Zahlung einer Entschädigung zu befreien, ausgiebigen Gebrauch gemacht. Es gibt Betriebe, die grundsätzlich keine gekündigten Arbeitnehmer weiter- oder wiederbeschäftigen, sondern lieber die

[1]) Vierteljahreshefte z. Statist. d. Deutsch. Reiches 1925, 3. Heft S. 121.

Entschädigungszahlungen leisten[1]). Im übrigen stehen der Auswirkung mancher Vorschriften des Betriebsrätegesetzes andere Gesetze entgegen, wie z. B. in bezug auf die Mitwirkung bei der Verwaltung von Pensionskassen. Oder es ist die Möglichkeit vorhanden, gefährliche Auswirkungen durch Aufhebung lang bestehender, aber gesetzlich nicht vorgeschriebener Einrichtungen wie z. B. im Aufsichtsratswesen, zu vermeiden.

Man kann daher nicht sagen, daß die eingeräumten Rechte sich in einer für die Produktionszwecke ungünstigen Weise ausgewirkt haben. Im Gegenteil wird heute die Beseitigung des Mitwirkungsrechts oft aus einem ganz anderen Grunde gefordert, nämlich weil es nur noch auf dem Papier stände[2]). Aber auch hierfür liegt kein Grund vor. Auch die Paragraphen, von denen man nichts hört, haben ihren Wert, wenn auch nur durch ihren Einfluß auf die Programme und das Propagandamaterial der Parteien. Rechte, die im Gesetz aufgenommen sind, können nicht mehr Anlaß zu Forderungen und Schlagworten sein. Etwaige Forderungen auf ihren weiteren Ausbau haben nicht mehr die gleiche Zugkraft.

### b) Die Mitwirkung bei Regelung der Arbeitsverhältnisse, bei Abschluß von Betriebsvereinbarungen und bei Einstellungen und Entlassungen.

Bei der Festsetzung der Dienstvorschriften und Arbeitsverhältnisse ist die Möglichkeit der Mitwirkung verhältnismäßig gering, da hier in der Regel die Tarifverträge eingreifen. Den Betriebsvertretungen verbleibt dann nur noch die Aufgabe, die Durchführung der Tarifverträge zu überwachen. Diesem dürften kaum Schwierigkeiten entgegenstehen, da meist auf beiden Seiten ein Bestreben nach loyaler Durchführung der Tarifverträge vorhanden ist.

Beim Abschluß des Tarifvertrages selbst werden von den Arbeitnehmerverbänden weitgehend Betriebsvertretungen zu den Vorarbeiten herangezogen[3]). Schon hierdurch werden die Betriebsvertretungen veranlaßt, sich auf den Boden der Tarifverträge zu

---

[1]) Ebenso in N. Zeitschr. f. Arb.Recht 1926, Sp. 69.

[2]) L. Schultz in Gew. u. Kaufm.Ger., 31. Jahrg. 1926, Sp. 235.

[3]) Z. B. Wirtsch. Selbstverw. 1921, S. 178.

stellen. Durch diese wird aber die Mitwirkung der Betriebsvertretungen nicht völlig ausgeschlossen[1]). Die ihnen noch verbleibenden kleineren Aufgaben können mitunter sogar zu großer Bedeutung kommen. Oft haben sich die Betriebsvertretungen diesen nicht gewachsen gezeigt, da sie die Betriebszwecke ganz außer acht ließen und nur den Arbeitnehmerstandpunkt vertraten.

Ein bemerkenswerter Fall, der weite Folgen zeitigte, wird im Bericht der Berliner Gewerbeaufsichtsbeamten für das Jahr 1922 berichtet[2]). Es handelte sich um die ungleiche Verteilung der 48stündigen Wochenarbeitszeit zugunsten des freien Nachmittags am Sonnabend[3]). Der Metallarbeiterverband drängte auf Verlängerung der Arbeitszeit von 6½ auf 8 Stunden am Sonnabend und auf entsprechende Verkürzung an den übrigen Werktagen, um nicht den Schein einer Durchbrechung des 8-Stundentages aufkommen zu lassen. Die Arbeitnehmerschaft der kleinen und mittleren Betriebe kehrte sich nicht daran; die Betriebsräte der Großbetriebe bestanden aber darauf, die Forderungen des Verbandes auszuführen. Die Arbeitnehmerschaft war jedoch mit dieser Regelung durchaus nicht einverstanden, da sie den freien Nachmittag am Sonnabend in Anbetracht der in der Großstadt weiten Wege zu und von der Arbeitsstätte nicht entbehren wollte. Zum Teil schritt sie zur Selbsthilfe, indem einzelne Arbeitergruppen

---

[1]) So sind im Tarifvertrag für die in der Berliner Metallindustrie beschäftigten gewerblichen Arbeiter und Arbeiterinnen vom 6. April 1925, der noch heute Geltung hat, den Arbeitervertretungen die Mitwirkung in folgenden Fällen übertragen:

bei Verteilung der Arbeitsstunden (der 48-Stundenwoche) auf die einzelnen Wochentage; bei Anordnung von Überstunden, die über eine Stunde Dauer je Tag verlangt werden; bei Bestimmung des Zeitpunkts, zu dem die einzelnen Arbeitnehmer ihren Urlaub antreten können, sowie im Falle von Schwierigkeiten, die der Erteilung von Einzelurlaub entgegenstehen; in besonderen Fällen, wenn die reine Wochenarbeitszeit unter 24 Stunden herabgesetzt werden soll; und schließlich bei Streitfällen im Lohn- und Akkordwesen.

Und im Tarifvertrag für die in der Berliner Metallindustrie beschäftigten Angestellten (abgeschlossen am 19. Januar 1925) ist den Angestelltenvertretungen die Mitwirkung:

bei Festsetzung der Einkommen in besonderen Fällen und bei Einführung von Überarbeit vorbehalten.

[2]) Bd. I, S. 50/51.

[3]) Die nach Ziff. II der Anordnung vom 25. 11. 1918 (RGBl. S. 1334) zulässig ist.

am Sonnabend die Arbeitsstätte 1½ Stunden vor Schluß der Arbeitszeit geschlossen verließen. In einigen Großbetrieben führte der Wegfall des freien Nachmittags zu einer solchen Zunahme unberechtigten Fehlens und Urlaubs am Sonnabend, daß schließlich bis zu 20% der Belegschaft fehlte und die Betriebsleitung scharfe Maßnahmen zur Beseitigung des Mißstandes treffen mußte.

Oft ist auch das Verhalten der Belegschaft und der Betriebsvertretungen gerade umgekehrt. Es wird von Betrieben geklagt, daß bei Einführung von Kurzarbeit die Arbeitnehmer es vorziehen, die Arbeitszeit täglich zu kürzen, statt außer dem Sonntag noch einen zweiten ganz freien Tag einzuführen. Dies wird von den Betriebsleitungen oft aus wirtschaftlichen Gründen angestrebt, um durch zwei aufeinanderfolgende freie Tage die Unkosten zu verringern. Da auch bei längerer täglicher Arbeitszeit die durchschnittliche Arbeitsleistung vermindert ist, würde außerdem eine geringere Kürzung der Arbeitszeit möglich sein; die ersparten Unkosten würden also zum Teil den Arbeitnehmern wieder zugute kommen. Die Arbeitnehmer begründen in diesen Fällen ihr Verhalten auch wieder mit dem weiten Weg, sie wollen früher nach Hause kommen. Es scheint ihnen also weniger an einem zweiten ganz freien Tage, als an einem früheren Nachhausekommen an allen Werktagen zu liegen.

In Angelegenheiten, die nicht unter die Bestimmungen des Tarifvertrages fallen, sind die Betriebsvertretungen berechtigt, mit dem Arbeitgeber Betriebsvereinbarungen abzuschließen. Jedoch hat sich dies in der Praxis infolge der Stellungnahme der Gewerkschaften nur wenig ausgewirkt. Vom Betriebsrat der AEG-Fabrik, Brunnenstraße, wird berichtet[1]), daß er einmal versuchsweise mit der Direktion auf dem Wege über den Schlichtungsausschuß einen Haustarif abgeschlossen hätte, da für die Metallindustrie kein allgemeiner Lohntarif mehr bestand und sich ergeben habe, daß sich die Betriebsräte seitdem hauptsächlich mit der Erledigung von Lohndifferenzen befaßten. Im Einverständnis mit der Organisationsleitung sei aber der Haustarif wieder gekündigt und ein neuer nicht wieder abgeschlossen worden. In den Ausführungen des Vorsitzenden heißt es dann weiter: „Ich sehe in der Tätigkeit der Betriebsräte, Lohnbewegungen zu führen,

[1]) Gewerkschaftszeitung 1925, S. 399.

eine gewisse Gefahr für die Gewerkschaften. Aber die Verhältnisse sind oft stärker als der beste Wille und zwingen uns, mit einzugreifen.“ Es scheinen also rein gewerkschaftliche Rücksichten maßgebend gewesen zu sein. Entsprechend findet sich eine Stellungnahme zur Frage der Betriebsvereinbarungen ganz allgemein von gewerkschaftlicher Seite in „Die Arbeit“[1]): „Betriebsvereinbarung, Rechtspersönlichkeit der Betriebsräte und der Arbeitnehmerschaft des Betriebes, Werksgemeinschaften, Werkzeitungen, überhaupt alles, was eine im Grunde doch stets egoistische Bindung an den Betrieb erzeugt, ist vom Übel. Einerlei. ob der Egoismus des Unternehmers oder des Arbeitnehmers dabei Befriedigung sucht oder findet.“ Trotzdem ist aber der gewerkschaftliche Standpunkt in anderen Fragen weniger maßgebend. So sagt ein Bericht des Berliner Gewerbeaufsichtsbeamten[2]), daß die Betriebsräte bei Überarbeitsgesuchen meist ein ruhiges Urteil hätten, eine Festlegung ihrer wahren Meinung jedoch zuweilen unter gewerkschaftlichem oder politischem Druck zu vermeiden suchten; bei Stillegungsverhandlungen hätten sie sich sogar infolge ihrer besseren Betriebskenntnis vielfach einsichtiger und erfolgreicher als die gleichfalls hinzugezogenen Gewerkschaftsvertreter gezeigt.

Eine noch heute ungeklärte Streitfrage bildet der § 80 Abs. 2. Dieser schreibt vor, daß die im § 134b Ziff. 4 der Gewerbeordnung vorgesehene Festsetzung von Strafen durch den Arbeitgeber gemeinsam mit dem Arbeiter- oder Angestelltenrat zu erfolgen hat. Obgleich dieser Paragraph der Gewerbeordnung nur von der Aufnahme von Strafbestimmungen in die Arbeitsordnung spricht, vertreten die Arbeitnehmer den Standpunkt, daß ihnen das Recht der Mitwirkung bei Festsetzung der Strafen in jedem Einzelfalle zustehe. Die Ansichten der Schlichtungsausschüsse und Ministerien sind hier völlig geteilt. Es lassen sich wohl ebenso viele Urteile beibringen, die die Mitwirkung im Einzelfalle bejahen, wie solche, die sie verneinen[3]).

Über die Mitwirkung bei Entlassungen ist bereits in

---

[1]) 1924, S. 90/91.

[2]) Jahresber. f. d. Jahre 1923/24, I. Bd., S. 72.

[3]) Siehe auch die Zusammenstellung bei Nörpel, Aus der Betriebsrätepraxis, S. 146ff. Auch nach dem neuen Kommentar von Wölbling usw. (1926), S. 186, ist diese Frage noch immer streitig.

den Abschnitten IV, 1 und IV, 2a die Rede gewesen. Meist äußert sich diese Mitwirkung dahin, daß dem gekündigten Arbeitnehmer eine Entschädigung ausgezahlt werden muß, da der Arbeitgeber die Wahl zwischen der Weiterbeschäftigung und der Entschädigung hat. An der Entlassung selbst kann aber die Betriebsvertretung nichts ändern. Bei Kündigungen von Betriebsratsmitgliedern kommt jedoch die Möglichkeit der Entschädigungszahlung in Wegfall. Wird die Kündigung von der richterlichen Behörde als ungerechtfertigt bezeichnet, darf eine Entlassung nicht erfolgen. Nur bei Stillegung des Betriebes ist eine Entlassung von Betriebsratsmitgliedern, die sich nichts haben zuschulden kommen lassen, möglich. Es hat an Vorwürfen der Arbeitnehmerschaft nicht gefehlt, daß oft Stillegungen in Szene gesetzt worden seien, um unbequeme Betriebsratsmitglieder zu entlassen[1]). Meist ist es unmöglich, hier klar zu sehen. Ließe sich eine aus diesem Grunde erfolgte Stillegung nachweisen, wäre sie nach den Strafbestimmungen des Betriebsrätegesetzes strafbar.

Eine Mitwirkung bei Einstellungen tritt in der Praxis kaum in die Erscheinung. Die Arbeitgeber gehen über die Bestimmungen des § 81 nicht hinaus[2]), und diese finden in der Regel schon in den Tarifverträgen Berücksichtigung, so daß der Betriebsvertretung auch hier nur die Überwachung dieser Bestimmungen der Tarifverträge obliegt.

### c) Die Mitwirkung nach § 66 Ziff. 8 und 9 (Wohlfahrtseinrichtungen, Gesundheitswesen usw.)

Das Wohlfahrts- und Gesundheitswesen war von jeher das gegebene Betätigungsfeld der Arbeitervertretungen. Um das, was für die Arbeiter geschehen soll, auch nach Möglichkeit durch dieselben tun zu lassen[3]) — denn „die Leute wollen sich auch zu ihrem Wohl nicht kommandieren lassen. Es kann heute nur ge-

---

[1]) z. B. Betr.R.Zeitschr. Met.Ind. 1920, S. 477, 1925, S. 702.

[2]) daß die Einstellung eines Arbeitnehmers nicht von seiner politischen, militärischen, konfessionellen oder gewerkschaftlichen Betätigung, von der Zugehörigkeit oder Nichtzugehörigkeit zu einem politischen, konfessionellen oder beruflichen Verein oder einem militärischen Verband, noch von der Zugehörigkeit zu einem bestimmten Geschlecht abhängig gemacht werden darf, mit Ausnahme der Betriebe gemäß § 67 (der Betriebe zu politischen, wissenschaftlichen, künstlerischen usw. Zwecken).

[3]) Oechelhaeuser, S. 39.

deihen, was der versteht, dem es gereicht wird", sagte Schmoller[1]) — wurden Ausschüsse gebildet, die an der Verwaltung dieser Einrichtungen beteiligt wurden[2]). Aus dem Jahre 1910 berichtet I. Altenrath, daß man es bei den Kassen- und Unterstützungseinrichtungen außerordentlich selten fände, daß die Arbeiter von jeder Mitbeteiligung bei der Bestimmung über die zu gewährenden Unterstützungen ausgeschlossen sind[3]). Oft hörten mit dem Tage, an dem die Arbeiter zur Mitverwaltung herangezogen wurden, die Klagen über mangelhafte Speisen und Getränke in der Fabrikkantine oder Kaffeeküche auf[4]). Ferner wurde allgemein beobachtet, daß die Arbeiter die Verwaltung ihrer Kassen nicht den Phrasenhelden und berufsmäßigen Hetzern, sondern ruhigen, zuverlässigen und gesetzten Leuten anzuvertrauen pflegten[5]). Die Vorteile für beide Parteien sind auf diesem Gebiete eben sichtbar und die Erfolge dementsprechend gute.

Das Betriebsrätegesetz hat auch hier nichts neues gebracht, außer daß die Beteiligung der Arbeitnehmerschaft nunmehr auch hier gesetzlich für alle in Betracht kommenden Betriebe vorgeschrieben ist. Klagen über nachteilige Auswirkungen sind dort, wo die Arbeitnehmer zur Mitwirkung herangezogen sind, in der Literatur nicht laut geworden, bis auf die Mitwirkung an den Werkswohnungen. Streitfragen sind nur darüber entstanden, in welchen Fällen den Arbeitnehmern eine Mitwirkung einzuräumen ist, da der Wortlaut des § 66 Ziff. 9 des Betriebsrätegesetzes sehr allgemein gehalten ist und zu verschiedenartiger Auslegung durch die beiden Parteien Anlaß gegeben hat. Für

---

[1]) Schmoller, S. 427.

[2]) Die Tätigkeit dieser Ausschüsse bewegte sich aber in der Praxis nicht streng im Rahmen der Gründungssatzungen, sie beschränkte sich nämlich nicht nur auf die Mitwirkung bei der Verwaltung der Einrichtungen, für die sie errichtet waren, sondern die Fabrikanten besprachen mit den Vertretern und Vorstandsmitgliedern der Betriebskrankenkasse oder mit dem Vorstand, der von den Mitgliedern des Konsumvereins der Fabrik gewählt war, usw. auch andere Angelegenheiten der Arbeiterschaft als mit der berufenen Arbeitervertretung (Sering, S. 12, Berliner Unternehmungen bestätigen dieses auch für ihre Werke).

[3]) Schrift. d. Zentralst. f. Volkswohlf., H. 5, S. 90.

[4]) Sering, S. 12.

[5]) Sering, S. 12 (nach den Erfahrungen einschl. der 6000 Betriebskrankenkassen, die auf Grund des damaligen Krankenversicherungsgesetzes errichtet waren); ähnlich auch Oechelhaeuser, S. 21.

die **Praxis** bedeutsam sind in erster Linie nur zwei Gruppen von Wohlfahrtseinrichtungen: **Pensionskassen** und **Werkswohnungen**.

Zunächst wurde von der Arbeiterschaft die Ansicht vertreten, daß ihr eine Mitwirkung an allen **Pensionskassen** zustehe, da das Betriebsrätegesetz ohne Einschränkung allgemein von der Mitwirkung an der Verwaltung „von Pensionskassen" spricht. In der Spruchpraxis ist aber dieser Standpunkt nicht anerkannt worden: Die ebenfalls als Pensionskassen bezeichneten, mit Selbstverwaltungen ausgestatteten Versicherungsunternehmungen, die dem Versicherungsaufsichtsgesetz von 1914 unterliegen, seien als nicht unter das Betriebsrätegesetz fallend zu betrachten[1]). Der Sinn des § 66 Ziff. 9 könne nur der sein, das freie Verfügungsrecht des Arbeitgebers durch Anteilnahme der Arbeitnehmerschaft des Betriebes einzuschränken, nicht aber derartige Körperschaften in ihrer Selbstverwaltung zu beschränken[1]). Ferner bemühen sich die Betriebsräte, sog. **Unterstützungs„fonds"** und **bilanzmäßige Rückstellungen** zu Unterstützungszwecken, die mehr oder weniger regelmäßig in der Bilanz des Betriebes auftreten, als Wohlfahrts„einrichtungen" zu betrachten, um auch hier eine Mitwirkung beanspruchen zu können. Auch geht ihr Bestreben dahin, **Pensions„einrichtungen"** als Pensions„kassen" anerkannt zu wissen, da bei Pensionskassen eine allgemeine Mitwirkung ausgesprochen ist, während Pensions„einrichtungen" unter den Sammelbegriff Wohlfahrtseinrichtungen fallen und bei diesen eine Einschränkung berücksichtigt werden muß, die eine Mitwirkung im Falle von entgegenstehenden Satzungen oder Verfügungen von Todes wegen ausschließt. Die Arbeitgeber versuchen, das Mitwirkungsrecht zu bestreiten, wenn es sich um **Wohlfahrtseinrichtungen** handelt, die **nur für die Arbeiter** oder **nur für die Angestellten** errichtet sind, da der Wortlaut des Betriebsrätegesetzes eine Mitwirkung nur für den Betriebsrat, also zur Vertretung gemeinsamer Interessen der Arbeiter und Angestellten, vorgesehen hat.

Bei der Mitwirkung an der Verwaltung der **Werkswohnungen** verlangen die Betriebsräte auch Einfluß auf die Zuweisung der Wohnungen. Die Betriebe berufen sich aber auf den

---

1) Reichsarbeitsbl. 1920, S. 96.

strengen Wortlaut des Gesetzes und sehen in der „Mitwirkung an der Verwaltung von Werkswohnungen“ eine Mitwirkung nur an der Tätigkeit der mit der Verwaltung eines Hauses beauftragten Persönlichkeit gegenüber den Verfügungsrechten des Hausbesitzers, wie der übliche Vergleich lautet. Es handelt sich hier auch zweifellos um ein Gebiet, auf dem die beiderseitigen Interessen voll entgegengesetzt sind. Der Betriebsrat wird in einem Falle, in dem einem gekündigten Arbeiter eine neue Wohnung vom Arbeitgeber zur Verfügung gestellt wird, die von der neuen Arbeitsstätte sehr weit entfernt liegt, kaum anders handeln können, als für den betreffenden Arbeiter Partei zu ergreifen, auch wenn er nach seiner Entlassung nicht mehr Werksangehöriger ist[1]). Wenn neue Werkswohnungen gebaut werden sollen, ist aber eine sehr einfache Umgehung des Gesetzes möglich. Es steht dem nichts im Wege, daß sich befreundete Firmen zusammentun und eine neue Gesellschaft bilden, die Werkswohnungen baut und diese zu 98% ihren eigenen Arbeitnehmern, zu 2% Fremden zuteilt. Jede Firma hat ihr Aktienpaket, die Wohnungen sind nicht allgemein an die eigenen Arbeitnehmer vergeben, es handelt sich um ein völlig neues, unabhängiges Unternehmen. Nunmehr ist auch an der Verwaltung der Wohnungen ein Mitwirkungsrecht der Arbeitnehmerschaft ausgeschlossen, da jetzt die Verwaltung der Wohnungen die kaufmännische Tätigkeit eines neuen Unternehmens ist. Dieser Weg soll auch schon beschritten worden sein und hat bei den Betriebsräten Verstimmung hervorgerufen.

Über die Mitwirkung an den anderen Wohlfahrtseinrichtungen, wie Erholungsheimen, Kinderhorten, Ferienkolonien, Badeanstalten, Ledigenheimen, Altersheimen, Büchereien usw. ist nur wenig zu sagen. Diese Einrichtungen bestehen meist nur bei ganz großen Betrieben, und es liegt in der Natur der Sache, daß hier kaum ein Anlaß zu Streitigkeiten prinzipieller Art vorkommen kann. Von Zeit zu Zeit finden Besichtigungen z. B. der Erholungsheime durch die zuständigen Betriebsratsmitglieder statt, für die solche Reisen eine angenehme Abwechslung bilden, obwohl sie über die anstrengende Reise meist zu klagen pflegen. In den wirtschaftlich schwierigen Jahren der Inflationszeit hatten es die Betriebsräte als eine wichtige Aufgabe betrachtet, den Ein- und

[1]) wie ein Beispiel lehrt: Betr.R.Zeitschr. Met.Ind. 1921, S. 214.

Verkauf von Waren für die Arbeitnehmer in die Wege zu leiten. Sie haben sich dadurch häufig das Mißfallen der Gewerkschaften zugezogen, die ihnen vorwarfen, aus einer Nebenaufgabe eine Hauptaufgabe gemacht und sich durch diese Tätigkeit von ihren eigentlichen Aufgaben ablenken lassen zu haben, zu einem „Kantinenrat", „Schmalzrat", „Kohlenrat" usw. geworden zu sein.

Im Unfall- und Gesundheitswesen sind die Erfolge sehr gering. Während die Berliner Gewerbebeamten im Bericht für das Jahr 1920 feststellten, daß die Betriebsvertretungen nur ausnahmsweise Interesse für ihre diesbezüglichen Aufgaben an den Tag legten[1]) und daß die Gewerbebeamten durch die Beteiligung der Arbeitervertreter wesentlich bessere Aufschlüsse über die Betriebsgefahren und die notwendigen Unfallverhütungsmaßnahmen nicht erlangt hätten, heißt es im Bericht für die Jahre 1923 und 1924, daß das Verständnis der Betriebsräte für Fragen des Gesundheitsschutzes zuzunehmen scheine[2]). Die Schwierigkeiten scheinen aber weniger auf seiten der Betriebsräte, als auf seiten der Belegschaften zu liegen. Denn in diesem Bericht wird hervorgehoben, daß die Arbeiter mancher Betriebe der Metallindustrie sich irgendwelcher Belehrung durch die Betriebsräte und Gewerbeaufsichtsbeamten über die Notwendigkeit pfleglicher Behandlung der hygienischen Betriebseinrichtungen gänzlich unzugänglich zeigen.

### d) Die Unterstützung des Arbeitgebers in der Erfüllung der Betriebszwecke.

Die den Betriebsvertretungen im § 1 des BRG. übertragene Aufgabe, den Arbeitgeber in der Erfüllung der Betriebszwecke zu unterstützen, wurde von jeher am meisten umstritten. Es wurde von vornherein darauf hingewiesen, daß den Betriebsvertretungen die für die Betriebsleitung notwendigen Kenntnisse und somit die für eine Mitwirkung — und erst recht für eine „in Gemeinschaft mit den Unternehmern gleichberechtigte" Mitwirkung (Art. 165 der Reichsverf.) — unentbehrlichen Vorbedingungen fehlen würden, und daß die gleichzeitige Wahrnehmung entgegengesetzter Interessen eine praktische

---

[1]) Jahresber. f. d. Jahr 1920, I. Bd., S. 117 u. 124.

[2]) Jahresber. f. d. Jahre 1923/24, S. 95.

Unmöglichkeit bedeute. Die bisherigen Erfahrungen bestätigen dies. Schon bei den Betriebsrätewahlen des Frühjahrs 1922 schrieb die Wirtschaftliche Selbstverwaltung (Hirsch-Duncker)[1]: „Wenn man die Tätigkeit der Betriebsvertretungen einigermaßen verfolgt, so drängt sich einem immer mehr der Eindruck auf, als ob auch die bestehenden Vertretungen vielfach darauf verzichtet haben, die ihnen vom Gesetzgeber eingeräumten Rechte völlig auszunützen. Das gilt insbesondere von der im § 71 vorgesehenen Erstattung von Vierteljahresberichten, von der im Betriebsbilanzgesetz festgesetzten Vorlegung der Rechnungsabschlüsse, von der Mitwirkung an Wohlfahrtseinrichtungen (§ 66 Ziff. 9) und nicht zuletzt von der Aufstellung von Richtlinien über die Mitwirkung bei Einstellungen gemäß § 78 Ziff. 8." Entsprechend urteilt L. Schultz im Frühjahr 1926 auf Grund seiner Tätigkeit am Arbeitsgericht[2]), daß die Betriebsräte in Wirklichkeit eine reine Interessenvertretung der Arbeitnehmerschaft geworden sind.

Selbst wenn man aber den Fall annehmen wollte, daß die den Betriebsvertretungen zur Verfügung stehenden Kenntnisse zu einer „gleichberechtigten" Mitwirkung ausreichten, würde eine weitere Frage die sein, ob sie zu einer solchen Mitwirkung genügenden Einblick in die Betriebsvorgänge hätten. Das Betriebsrätegesetz schreibt dem Arbeitgeber vor, dem Betriebsrat über alle den Dienstvertrag und die Tätigkeit der Arbeitnehmer berührenden Betriebsvorgänge Aufschluß zu geben, vierteljährlich einen Bericht über die Lage und den Gang des Unternehmens und des Gewerbes im allgemeinen und über die Leistungen des Betriebs und den zu erwartenden Arbeitsbedarf im besonderen zu erstatten und in Betrieben von mehr als 300 Arbeitern und 50 Angestellten eine Betriebsbilanz und eine Betriebsgewinn- und Verlustrechnung für das verflossene Geschäftsjahr zur Einsichtnahme vorzulegen und zu erläutern, soweit dadurch keine Betriebs- oder Geschäftsgeheimnisse gefährdet werden und gesetzliche Bestimmungen nicht entgegenstehen.

In der Praxis gewähren die Unternehmer den Betriebsvertretungen nur den ihnen gesetzlich vorgeschriebenen Mindest-

---

[1]) 1922, S. 35.

[2]) Gew. u. Kaufm.Ger., 31. Jahrg., Sp. 235.

einblick und können dies auch nicht anders, um ihre Geschäftsinteressen zu wahren und die Gefahr der Preisgabe des Geschäftsgeheimnisses zu verringern. In Wirklichkeit sieht die Sache doch so aus, daß noch nicht einmal die Abteilungsleiter über alle Fragen des Unternehmens unterrichtet sind. Nur durch möglichst enge Einschränkung des Kreises der Eingeweihten ist die Innehaltung des Geschäftsgeheimnisses gewährt, und auch dann noch sind Indiskretionen bekanntlich keine Seltenheit. Daher sind die Klagen der Arbeitnehmerschaft, daß man den Betriebsvertretungen „lediglich die verschiedenen Zahlenreihen der Abschlüsse kurz verliest, ohne die Bilanzen zur Einsichtnahme und Prüfung auszuhändigen, oder . . . daß man die Erläuterungen in derart knapper Form gibt, daß so gut wie nichts damit anzufangen ist“[1]), berechtigt, werden aber an den Verhältnissen nichts ändern. Trotzdem ist aber die Vorlage des Geschäftsberichtes und der Bilanz für die Arbeitnehmerschaft nicht ganz ohne Bedeutung geblieben. Diese sieht hierin ein wichtiges Erziehungsmittel zum Studium der Wirtschaft.

Die Betriebsratsmitglieder sind zwar unter Strafandrohung verpflichtet, über die ihnen vom Arbeitgeber gemachten vertraulichen Angaben Stillschweigen zu bewahren. Es ist aber bekannt, daß die Gewerkschaften von den Betriebsvertretungen Berichte über den Stand und Gang der Betriebe einholen und Statistiken führen[2]). Im besonderen suchen sich die Kommunisten über die Betriebsverhältnisse zu informieren und halten regelmäßig Betriebs- und Zellenversammlungen ab, an denen auch Betriebsratsmitglieder teilnehmen; denn es gibt wohl nur wenige Betriebsräte in Berlin, denen nicht mindestens ein Kommunist angehört. Wenn die Gewerkschaften auch sicherlich nicht die Absicht haben, das Material zum Schaden der Unternehmer zu verwenden, so ist doch auch die Gewerkschaftsbewegung gegen untreue Mitglieder nicht gefeit.

Anderseits muß aber zugestanden werden, daß sich manche Betriebsvertretungen sichtlich Mühe gegeben haben, den Betrieb vor Erschütterungen zu bewahren, und grundsätzlich wilde

---

[1]) Betr.R.Zeitschr. Met.Ind. 1923, S. 83.

[2]) So auch Brunner im Schlicht.Wesen 1924, S. 209; ferner Betr.R. Zeitschr. Met.Ind. 1920, S. 229, 1926, S. 382; Protokoll d. Reichsbeirats d. BR. Met.Ind., S. 31; Berthelot, S. 129/30 u. a.

Streiks zu verhindern suchten. Es mag hier auf einen Fall hingewiesen werden, in dem ein Berliner Betrieb, der mangels qualifizierter Facharbeiter stillgelegt werden sollte, nur dadurch vor einer Stillegung bewahrt wurde, daß die Betriebsvertretung vermittels ihrer Beziehungen qualifizierte Facharbeiter anwerben konnte.

In der Denkweise über das Mitwirkungs- und Mitbestimmungsrecht hat sich eine bemerkenswerte Wandlung vollzogen, wenigstens auf seiten der Sozialisten. Diese hatten die Forderung des Mitwirkungsrechts damit begründet, daß die Arbeiter immer entscheidender den Gang der Produktion selbst bestimmen müßten, um das innere Verhältnis des Arbeiters zur Arbeit grundsätzlich neu zu gestalten, da er bei moderner Methode nicht mehr materiell Schöpfer des Gesamtprodukts sein könne und dies um so mehr geistig werden müsse[1]). Wenn auch das Mitwirkungs- und Mitbestimmungsrecht nur in geringem Maße zur Geltung gekommen ist, so ist die Auswirkung doch noch groß genug, daß Stimmen laut geworden sein könnten, aus denen man auf eine fördernde Wirkung auf den geistigen Gehalt der Arbeit schließen könnte. Anstatt dessen wird wiederholt festgestellt, daß sich eine Kluft zwischen Betriebsrat und Belegschaft aufgetan hätte[2]). Denn besonders dort, wo zur Wahrnehmung der Interessen des Betriebes von der Betriebsvertretung in erster Linie Wert darauf gelegt worden ist, ein gutes Verhältnis zur Betriebsleitung herzustellen, haben die Erfahrungen gezeigt, daß man „bald das Vertrauen der Belegschaft verloren und die ganze Institution im Bewußtsein der Arbeiterschaft in Mißkredit gebracht“ hat[3]). Oder aber es heißt: „Oft waren Vorschläge von Betriebsräten über die Wirtschaftlichkeit des Unternehmens nichts weiter als eine durchaus egoistische Existenzsicherung der betreffenden Belegschaft“[4]). Von einer Neugestaltung des inneren Verhältnisses des Arbeiters zur Arbeit ist aber seit 1919 kaum etwas zu hören. Auch nicht zur Begründung der Erweiterung des Mitwirkungs- und Mitbestimmungsrechtes, die verschiedentlich gefordert worden ist.

---

[1]) Cohen, Soz. Mo.Hefte 1919, S. 1044, s. auch S. 4/5.
[2]) z. B. Jungsozialistische Blätter, Berlin, Jahrg. 1926, S. 142.
[3]) Die Arbeit 1926, S. 142.
[4]) Die Arbeit 1924, S. 89.

Am Mitwirkungsrecht bei der Einführung neuer Arbeitsmethoden zeigen die Betriebsvertretungen oft reges Interesse, soweit es sich darum handelt, neue Vorschläge zu machen und Arbeitnehmererfindungen zu unterstützen. Hierin kann ein Widerspruch zur Einstellung des Arbeiters gegen die Maschine gesehen werden, die bei fortschreitender Entwicklung immer wieder neue Arbeiter brotlos macht. Eine Erklärung findet sich aber darin, daß entweder ein Teil der Arbeiter sich von der Neueinrichtung, z. B. einem Kran, leichtere Arbeit verspricht oder in anderen Fällen der Stolz der eigenen geistigen Leistung die gefürchteten Nachteile der Maschine vergessen läßt. Überhaupt gibt diese Beobachtung zu denken, ob der sog. Haß des Arbeiters gegen die Maschine tatsächlich besteht. Für die wissenschaftliche Prüfung der Bewährung ihrer vorgeschlagenen Neuerungen fehlen den Betriebsvertretungen aber die Mittel, und man begegnet in Gesprächen mit ihnen oft einer großen Verbitterung, wenn ihre Vorschläge nicht genügende Anerkennung gefunden haben. Vielleicht liegt dieses aber auch an einer ungeschickten Organisation der betreffenden Betriebe. Die Leitung eines Berliner Großunternehmens betont, daß es in einem gut geleiteten Unternehmen nicht vorkommen dürfe, daß auf diesem Gebiete Erbitterung entsteht. In diesem Unternehmen sind in den Betriebsräumen Kästen angebracht, in die jeder Arbeitnehmer Vorschläge und Erfindungen hineinwerfen kann. Von einer Kommission in paritätischer Besetzung[1]), die natürlich kompetenter als die auf einseitige Betrachtung angewiesene Betriebsvertretung urteilen kann, werden diese geprüft, und jedem wird mindestens in einem Dankesschreiben für seine Mitarbeit geantwortet.

Im übrigen darf auch nicht übersehen werden, daß schon immer alle Verbesserungen, soweit sie mit der Bedienung der Maschine in Zusammenhang stehen, auf die Erfahrungen der bedienenden Mannschaft begründet waren. Denn es liegt ja überhaupt im Interesse des Betriebes, erfolgversprechende Erfahrungen zu verwerten und entsprechend auszubauen. Die Betriebsvertretung wird sich in erster Linie nur auf solche Fälle beschränken können, in denen infolge von Streitigkeiten den Vorschlägen eines Arbeitnehmers absichtlich keine Beachtung geschenkt wird.

[1]) die auch schon vor dem Kriege bestanden hatte, also auch schon damals den Arbeitern und Angestellten ein Mitwirkungsrecht einräumte.

Man ist sich also darüber einig, daß die Erwartungen, die manche Kreise an das Mitwirkungsrecht geknüpft hatten, nur in geringem Maße eingetroffen sind. Dies ist auch nicht weiter verwunderlich. Die Erfahrungen im Betriebsrätewesen sind eine Bestätigung für die Spannsche Kritik unseres Zeitalters[1]). Auch im Betriebsrätegesetz findet der Zwiespalt unseres Zeitalters einen Niederschlag. Auch in ihm sind individualistische und universalistische Momente verquickt, die sich in dieser Art nicht vereinigen lassen. Die alte Idee der Arbeiterausschüsse ist universalistisch, das Mitbestimmungsrecht in Produktionsfragen individualistisch[2]). Das Mitwirkungsrecht des Betriebsrätegesetzes, eine Annäherung an das individualistische Ideal, daß die Herrschergewalt ihren Ursprung in allen organisierten Mitgliedern habe[3]), ist das Moment, das die moderne Betriebsverfassung erst wirklich zu einer demokratischen hätte machen können, wenn es sich in diesem Sinne auch ausgewirkt hätte. Man hat zwar auch früher bei den alten Arbeiterausschüssen schon von Betriebsdemokratie gesprochen. Jedoch mit Unrecht. Die alten Arbeiterausschüsse hatten nur in Arbeiterangelegenheiten mitzuwirken und waren somit rein ständische Organisationen. Wenn man auch von den modernen Betriebsräten von ständischen Organisationen sprechen kann[4]), so nur deshalb, weil sich die individualistisch-demokratische Komponente des Gesetzes, also die Mitwirkung in Produktionsangelegenheiten, in der Praxis nur in geringem Maße ausgewirkt hat.

### e) Betriebsrat und Aufsichtsrat.

Im Aufsichtsratsparagraphen (§ 70 des BRG. in Verbindung mit dem Gesetz über die Entsendung von Betriebsratsmitgliedern in den Aufsichtsrat vom 15. Februar 1922) ist das Mitbestimmungsrecht in seiner strengsten Form verankert. Zur Begründung, warum überhaupt Vertreter des Betriebsrats in den Aufsichtsrat entsandt werden sollen, sagt das Gesetz, daß sie

---

[1]) In: Der wahre Staat, Vorlesungen über Abbruch und Neubau der Gesellschaft. Quelle & Meyer, Leipzig 1921.

[2]) Näheres über Individualismus und Universalismus in: Der wahre Staat.

[3]) O. Spann, Der wahre Staat, S. 107.

[4]) Wie z. B. Spann, Der wahre Staat, S. 271.

die Interessen und Forderungen der Arbeitnehmer sowie deren Ansichten und Wünsche hinsichtlich der Organisation des Betriebes zu vertreten haben. Ihre Tätigkeit im Aufsichtsrat beschränkt sich aber nicht auf Angelegenheiten dieser Art, sondern sie haben in allen Sitzungen des Aufsichtsrats Sitz und Stimme und grundsätzlich die gleichen Rechte[1]) wie die übrigen nach den Gesellschaftssatzungen gewählten Aufsichtsratsmitglieder.

Von diesem Mitbestimmungsrecht ist aber nur ein Teil der Unternehmungen erfaßt, der Teil, in dem Aufsichtsräte bestehen. Das sind die Aktiengesellschaft, die Kommanditgesellschaft auf Aktien, die G. m. b. H., die eingetragene Genossenschaft, der Versicherungsverein auf Gegenseitigkeit und die bergrechtliche Gewerkschaft. Man kann daher nicht sagen, daß der Arbeitnehmerschaft ein so weitgehendes Mitbestimmungsrecht grundsätzlich eingeräumt ist. Überdies ist die Errichtung von Aufsichtsräten in den G. m. b. H. nicht zwingender Natur. Sie können jederzeit aufgelöst werden, mithin auch, wenn der Gesellschaft die Art und Weise des Auftretens der Betriebsratsvertreter nicht genehm ist. Die Betriebsratsvertreter sind in diesen Fällen daher bestrebt, sich einen besonderen Zwang aufzuerlegen, da eine Auflösung des Aufsichtsrats nicht in ihrem Sinne liegen kann. Im übrigen ist gesetzlich festgelegt, daß nur ein bis zwei Betriebsratsmitglieder in den Aufsichtsrat zu entsenden sind, unabhängig davon, ob der Aufsichtsrat aus vielen oder wenigen satzungsmäßigen Mitgliedern besteht. Die Betriebsratsmitglieder befinden sich also immer in der Minderzahl. Von einer ernsten Absicht des Gesetzgebers, der Arbeitnehmerschaft ein Mitbestimmungsrecht zu verschaffen, kann keine Rede sein. Zwar heißt es im Wortlaut der Begründung des Gesetzes, daß die verantwortliche Mitwirkung an der obersten Leitung des Unternehmens nur da möglich sei, wo wegen der gesellschaftlichen Form des Unternehmens bereits ein kollegialer Aufsichtsrat bestehe, dem die Arbeitnehmervertretung leicht eingefügt werden könne. Nur hier könne eine Beteiligung an der Betriebsleitung möglich sein, ohne den bereits verworfenen Weg der Schaffung zweier gleichgeordneter, einander lähmender Organe zu betreten[2]). Das ändert aber nichts an der Tatsache, daß von

[1]) Sie „erhalten jedoch keine andere Vergütung als eine Aufwandsentschädigung" (§ 70 BRG.).

[2]) Verf.geb. D. Nation.Vers., Aktenstück Nr. 928, S. 22.

diesem Mitbestimmungsrecht, das das einzige Mit„bestimmungs“-recht im wahren Sinne des Wortes ist, nur ein Teil der Betriebe erfaßt ist.

Ein eigenartiger Widerspruch besteht zwischen dem Wortlaut der Begründung und den tatsächlichen Verhältnissen. In der Begründung heißt es nämlich[1]): „Die Verleihung einer so weitgehenden Befugnis ... wird in der Überzeugung vorgeschlagen, daß nichts so sehr die Arbeitsfreudigkeit, das Verantwortlichkeitsgefühl und das Interesse an der Hebung der Betriebsleistungen und des Ertrages zu steigern geeignet sei, als die verantwortliche Mitwirkung an der obersten Leitung des Unternehmens.“ Normalerweise gehört aber die oberste Leitung des Unternehmens gar nicht zum Aufgabengebiet des Aufsichtsrats, sondern diesem liegt in der Hauptsache nur eine Überwachungstätigkeit ob, die sich im allgemeinen auf die Zweckmäßigkeit und Richtigkeit der Geschäftsführung erstreckt.

Nach Inkrafttreten des Gesetzes haben die Arbeitgeber versucht, die Tätigkeit der Betriebsratsmitglieder im Aufsichtsrat auf sozialpolitische Aufgaben zu beschränken. Im Geschäftsbericht für 1923 und 1924 der Vereinigung der Deutschen Arbeitgeberverbände wird ausgeführt[2]), daß die Vereinigung in strenger Anwendung des Wortlauts des § 3 des Aufsichtsratsgesetzes in Verbindung mit § 70 des BRG. auf dem Standpunkt stehe, daß diese Gesetzesbestimmung ein weitgehendes Mitbestimmungsrecht nicht zulasse, sondern daß, wie sich besonders aus dem § 70 des BRG. ergebe, die Tätigkeit der Betriebsräte im Aufsichtsrat auf die Wahrnehmung der sozialpolitischen Interessen der Arbeitnehmer beschränkt sei. Das Reichsgericht hat jedoch in einem Urteil vom 11. Januar 1924 im oben vertretenen Sinne entschieden, daß der § 70 Satz 1 nur als Motiv anzusehen ist, warum überhaupt Betriebsratsmitglieder in den Aufsichtsrat entsandt werden sollen, daß aber im übrigen die Arbeitnehmeraufsichtsratsmitglieder den satzungsmäßigen Mitgliedern völlig gleichberechtigt sind. Ferner hat die Vereinigung der Deutschen Arbeitgeberverbände versucht, sich das zeitliche Auseinanderfallen der Betriebsratswahl und der Wahl der Betriebsrats-

[1]) Verf.geb. D. Nation.Vers., Aktenstück Nr. 928, S. 22.
[2]) S. 77.

vertreter in den Aufsichtsrat zunutze zu machen und sich für diese Zeit von den Arbeitervertretern zu befreien. Die Bestimmung des § 43 des Betriebsrätegesetzes, wonach bei einer Neuwahl des Betriebsrats die Mitglieder des alten Betriebsrats so lange im Amte bleiben, bis der neue gebildet ist, sei mangels einer ausdrücklichen Vorschrift auf die Arbeitnehmeraufsichtsratsmitglieder nicht anwendbar; die früheren Arbeitnehmeraufsichtsratsmitglieder könnten daher nicht so lange im Amte bleiben, bis die neuen gewählt seien[1]). Diese Auffassung steht aber mit dem Sinne des Gesetzes in Widerspruch und dürfte in der Praxis kaum vertreten worden sein.

Durch das Mitbestimmungsrecht im Aufsichtsrat sind die sozialistischen Arbeitnehmer in einen Gewissenskonflikt geraten. Ihre Weltanschauung und die kapitalistischen Aufgaben des Aufsichtsrats lassen sich nicht unter einen Hut bringen. Dem Vorwurf der Vereinigung der Deutschen Arbeitgeberverbände, daß die an das Betriebsrätegesetz geknüpften Hoffnungen der Arbeitnehmerkreise und der damaligen Regierungskreise in bezug auf Erhöhung der werteschaffenden Arbeit und der Erzeugung nicht in Erfüllung gegangen seien, wird in der Betriebsrätezeitung entgegengehalten[2]), daß „es nicht Aufgabe der Arbeitnehmer sein kann, die Profitrate der Unternehmer zu vermehren, während anderseits die Unternehmer die Betriebsräte gehindert haben, gemeinwirtschaftliche Auffassungen zur Durchführung zu bringen.“ Daher geben die freien Gewerkschaften ihren Betriebsratsmitgliedern die Anweisung, sich an den wirtschaftlichen Aufgaben der Aufsichtsräte nicht zu beteiligen, sondern vielmehr ihre Zugehörigkeit zum Aufsichtsrat dazu zu benutzen, um ihre wirtschaftlichen Kenntnisse zu vervollständigen. So schreibt z. B. die Arbeit[3]): „. . . Ebensowenig haben die Betriebsräte Einfluß auf die Betriebsführung auszuüben oder zu gewinnen, da hierbei stets nur betriebsegoistische Wirkungen erzielt würden, während die praktischen Wirtschaftskenntnisse allgemein der Umstellung der Wirtschaft dienen sollen.“ Aber restlos scheint diese Frage noch

[1]) Wörtlicher Abdruck aus den Mitteilungen der Vereinigung der Deutschen Arbeitgeberverbände vom 20. Mai 1923 in Betriebsrätezeitung 1923, S. 78.

[2]) 1923, S. 93, ähnlich auch Gewerkschaftszeitung 1925, S. 106.

[3]) Jahrg. 1924, S. 91.

nicht geklärt zu sein. Denn auf der Konferenz des Reichsbeirats der Betriebsräte und Vertreter größerer Konzerne der Metallindustrie 1926 zu Leipzig kam man zu folgender Fragestellung: „Eine wichtige Frage der Arbeiteraufsichtsräte ist, wie sie sich zur Verteilung der Gewinne zu stellen haben. Sollen sie dafür eintreten, daß die Gewinne der Aktionäre gekürzt werden, um das Geld im Betrieb zu halten oder soll der Gewinn an die Aktionäre verteilt werden? Ferner die Frage: Wie sollen sich die Betriebsräte bei der Besprechung der Preisbildung einstellen? Es wäre sehr erwünscht, wenn der Vorstand zu diesen Fragen Stellung nehmen würde, um eine Klärung herbeizuführen"[1]).

In der Auswirkung des Gesetzes sind eine Reihe von Streitfragen entstanden, die die Öffentlichkeit und die Gerichte in den ersten Jahren lebhaft beschäftigt hatten. Die Aufsichtsräte waren dazu übergegangen, einzelne Aufgaben an besondere Ausschüsse zu übertragen, um eine Mitwirkung der Betriebsratsmitglieder möglichst zu unterbinden. Denn da diese nicht in die Ausschüsse gewählt wurden, konnten sie nur an den Sitzungen des gesamten Aufsichtsrats teilnehmen, in denen nach den eingehenden Vorarbeiten der Ausschüsse die Angelegenheiten nur noch kurz zur Beschlußfassung besprochen wurden. Da dies mit den aktienrechtlichen Bestimmungen nicht im Widerspruch steht, sind die Versuche der Arbeitnehmerschaft, ein gegenteiliges Urteil herbeizuführen, gescheitert[2]). Manche Unternehmer suchten aber auch dadurch den Einblick der Betriebsratsvertreter einzuschränken, daß sie verschiedene Satzungsänderungen vornahmen. Man ging sogar so weit, daß der Aufsichtsratsvorsitzende auf Grund der neuen Satzungen praktisch jede Sitzung des Aufsichtsrats verhindern konnte. In diesem Falle war die Klage der Arbeitnehmerschaft von Erfolg. Das Reichsgericht stellte sich auf den Standpunkt, daß, wenn nach dem Gesetz die Betriebsratsvertreter in allen Sitzungen Sitz und Stimme haben sollten, das Gesetz es als normal voraussetze, daß der Aufsichtsrat Sitzungen abhält[3]). Es ist ferner die Frage aufgeworfen worden, welcher Stimmwert den Betriebsratsmitgliedern im Aufsichtsrat zukomme, wenn in der Satzung einer Aktiengesellschaft bestimmt ist, daß im Auf-

[1]) Protokoll S. 18.
[2]) Jur. Wochenschrift 1924, S. 1145.
[3]) Ebenda.

sichtsrat nach Aktien abgestimmt wird: hier können satzungsgemäß nur Aktionäre in den Aufsichtsrat gewählt werden[1]). Und schließlich handelt es sich um die Frage, ob den Arbeitnehmervertretern im Aufsichtsrat das Recht einzuräumen ist, an den Generalversammlungen teilzunehmen, zu denen bekanntlich nur Aktionäre Zutritt haben. Bisher hatten aber auch alle Aufsichtsratsmitglieder (auch die, die nicht Aktionäre waren) an ihnen teilgenommen, woraus die Arbeitnehmerschaft ein Gewohnheitsrecht abzuleiten versuchte[2]). In den beiden letzten Fragen gehen die Ansichten weit auseinander.

In der Praxis hat sich der Aufsichtsratsparagraph bei weitem nicht so gefährlich erwiesen, als man anfangs befürchtet hatte. Allerdings machen die Aufsichtsräte von der Zuweisung vieler Aufgaben an besondere Ausschüsse weitgehenden Gebrauch[3]). Indessen gewinnen die Arbeitnehmer immer noch einen tieferen Einblick in das Wirtschaftsleben, als es ihnen sonst möglich wäre, auch wenn ihnen die letzten Geheimnisse nicht zugänglich gemacht werden. Die Arbeitnehmerschaft hat auch den Wert des Aufsichtsratsparagraphen für die gewerkschaftliche Führerschulung erkannt und sich mit der geringen Auswirkung der Mitbestimmung in Produktionsfragen zunächst abgefunden. Überhaupt ist sie im Laufe der Jahre zu der Einsicht gekommen, daß den Betriebsratsmitgliedern zur praktischen Mitarbeit die Vorkenntnisse fehlen, um die wirtschaftlichen, finanziellen, bilanztechnischen und organisatorischen Fragen, die im Aufsichtsrat behandelt werden, selbständig beurteilen zu können, wie dem Verfasser gelegentlich einer Besprechung im Allgemeinen Deutschen Gewerkschaftsbund zugestanden wurde. Trotzdem ist aber eine Erweiterung des Mitbestimmungsrechts gefordert worden. Bei der Beratung des Etats des Reichs-

---

[1]) Deutsche Juristen-Zeitung, 27. Jahrg.; S. 312, N. Zeitschr. f. Arb.Recht 1924, Sp. 288.

[2]) N. Zeitschr. f. Arb.Recht 1924, Sp. 288.

[3]) Daher die Klagen der Arbeitnehmer, daß in den Aufsichtsratssitzungen alle übrigen Mitglieder bereits über den Stand wohlunterrichtet und unter sich einig zu sein scheinen, während die Arbeitnehmermitglieder so viel Neues in Eile zu hören bekommen, daß sie sich über das Vorgetragene so schnell kein Urteil bilden können (wie es z. B. im Jahresbericht d. Badischen Gew.Aufs.Amtes für 1923 und 1924, Karlsruhe 1925, S. 18, heißt).

arbeitsministeriums im Jahre 1923 kam es zu einem Antrag der Fraktion der Vereinigten Sozialdemokratischen Partei, der

„1. die Entrechtung der Betriebsräte im Aufsichtsrat und
2. das Vertretungsrecht der Betriebsräte in den Verwaltungsorganen der Trusts und Konzerne"

betraf. Beide Anträge wurden von der geschlossenen Front der bürgerlichen Parteien abgelehnt[1]).

Aber auch dem Unternehmer kann der Aufsichtsratsparagraph Nutzen bringen. Viele Arbeitgeber hören sich gern die Ansichten der Arbeitnehmervertreter an[2]). Und führende Persönlichkeiten des Wirtschaftslebens sehen einen besonderen Wert darin, daß sie Gelegenheit haben, unter Ausschaltung von Zwischengliedern durch berufene Arbeitervertreter Einblick in den Gedankenkreis der Arbeitnehmerschaft zu gewinnen, zumal die Betriebsratsvertreter durch den Schutz, den sie durch das Gesetz genießen, ihre Ansicht offen und ehrlich aussprechen können. Es ist auch vorgekommen, daß ein Betriebsratsvertreter sogar in den volkswirtschaftlichen Ausschuß gewählt wurde.

Eine merkwürdige Erscheinung ist bei der Wahl der Arbeitnehmeraufsichtsratsmitglieder aufgetreten. Betriebsratsmitglieder sind in jeden Aufsichtsrat zu entsenden. In großen Unternehmungen befinden sich aber die einzelnen Werke oft nicht an demselben Ort. Gesamtbetriebsräte dürfen indessen nach § 50 nur errichtet werden, wenn sich innerhalb einer Gemeinde oder wirtschaftlich zusammenhängender, nahe beieinander liegender Gemeinden mehrere gleichartige oder nach den Betriebszwecken zusammengehörige Betriebe in der Hand eines Eigentümers befinden (ihre Errichtung ist außerdem auch nicht zwingender Natur). Obgleich das Gesetz also eine Zusammenfassung der Betriebsvertretungen der Betriebe einer auf das ganze Reichsgebiet ausgebreiteten Unternehmung nicht vorsieht, müssen doch die verschiedenen Betriebsräte zusammen aus ihrer Mitte die Mitglieder für den Aufsichtsrat wählen. Ein persönliches Zu-

---

[1]) Betr.R.Zeitschr. Met.Ind. 1923, S. 265.
[2]) Ebenso Frhr. v. Berlepsch, S. 206.

sammenkommen wäre mit unverhältnismäßigen Kosten verknüpft[1]). In einem großen Unternehmen, in dem die Wahl schriftlich vorgenommen wurde, hat es 8 Wochen gedauert, bis die Wahl zustande kam. Daher hat man Neuwahlen nicht wieder vorgenommen, und die Mitglieder, die allerdings auch in ihren Betrieben immer wieder in den Betriebsrat gewählt wurden, galten bisher von Jahr zu Jahr als wiedergewählt.

[1]) Ähnlich wird darüber geklagt, daß die Hindernisse fast unüberwindlich seien, wenn das Arbeitnehmeraufsichtsratsmitglied nicht im Mutterwerk oder am Sitz des Vorstandes tätig ist. In diesem Falle sei der Vorstand für ihn fast unerreichbar (Betr.R.Zeitschr. Met.Ind. 1924, S. 518/19).

## V. Betriebsrätegesetz und Arbeitsgerichtsbarkeit.

### *1. Die Regelung der Beilegung von Streitigkeiten seit Inkrafttreten des Gesetzes.*

Die Gerichtsbarkeit über die Streitigkeiten aus dem Betriebsrätegesetz hat schon eine bewegte Geschichte aufzuweisen. Das Betriebsrätegesetz ist bis jetzt das einzige Gesetz zur Ausführung der im Art. 165 der Reichsverfassung angekündigten Räteverfassung. Die im Art. 165 vorgesehenen Bezirksarbeiterräte bzw. Bezirkswirtschaftsräte und der Reichsarbeiterrat bzw. Reichswirtschaftsrat, die das Mitbestimmungsrecht der Arbeitnehmer in der Volkswirtschaft verwirklichen sollten, harren noch heute ihrer Errichtung. Nichtsdestoweniger rechnet das Betriebsrätegesetz mit diesen Wirtschaftsinstanzen und überträgt ihnen Aufgaben.

Der Bezirkswirtschaftsrat hat gemäß § 39 und 41 des BRG. über Streitigkeiten betreffs Erlöschen der Mitgliedschaft und Auflösung des Betriebsrats zu entscheiden, er hat nach § 43 das Recht, einen vorläufigen Betriebsrat einzusetzen und entscheidet nach § 52 bei Streitigkeiten über Einsetzung eines Einzelbetriebsrats an Stelle eines Gesamtbetriebsrats. Dem Bezirkswirtschaftsrat wird in § 93 ganz allgemein die Entscheidung über Streitigkeiten übertragen, die sich aus der Errichtung, Geschäftsführung und Wahl der Betriebsvertretungen ergeben. Diese Befugnisse liegen nach § 94 dem Landeswirtschaftsrat bzw. dem Reichswirtschaftsrat ob, wenn die betreffende Unternehmung oder Verwaltung sich über den Bezirk eines Bezirkswirtschaftsrates bzw. des Landeswirtschaftsrates hinaus erstreckt. Und schließlich sind für Streitigkeiten, die sich aus den Aufgaben und Befugnissen der Betriebsvertretungen und bei Kündigungen von Mitgliedern der Betriebsvertretungen ergeben, die Schlichtungsausschüsse zuständig.

Da nun aber die Errichtung von Wirtschaftsräten noch nicht in Angriff genommen wurde, mußte das Betriebsrätegesetz Ersatzstellen für sie bestimmen. Es übertrug die Aufgaben der Bezirkswirtschaftsräte gemäß § 39, 41, 43 und 52 ebenfalls den Schlichtungsausschüssen, überließ es aber den Landeszentralbehörden bzw. der Reichsregierung, Ersatzstellen mit der Wahrnehmung der Aufgaben gemäß § 93 und 94 zu beauftragen. Die Befugnisse des Reichswirtschaftsrats überwies das Reich dem vorläufigen Reichswirtschaftsrat und bis zu dessen Bestehen dem Wirtschaftsrate beim Reichswirtschaftsministerium. Der vorläufige Reichswirtschaftsrat setzte dann nach seinem Zusammentreten für seine Aufgaben aus dem Betriebsrätegesetz einen besonderen Betriebsräteausschuß ein. Preußen übertrug die Aufgaben der Bezirkswirtschaftsräte nach § 93, wenn es sich um Betriebe, Verwaltungen und Bureaus handelt, die unter Titel VII der Gewerbeordnung fallen oder sonst zum Geschäftsbereiche des Ministeriums für Handel und Gewerbe gehören, den Gewerbeinspektoren (oder Bergrevierbeamten), im übrigen den Bezirksausschüssen[1]). Gegen die Entscheidung der Gewerbeinspektoren (bzw. Bergrevierbeamten) war Beschwerde an den Regierungspräsidenten (bzw. das Oberbergamt), im Landespolizeibezirk Berlin an den Polizeipräsidenten zulässig, die endgültig entschieden. An Stelle des Landeswirtschaftsrats entschied ebenfalls der Bezirksausschuß[2])[3]).

Ein wesentlicher Nachteil der Sprüche der Schlichtungsausschüsse war, daß sie keine Vollstreckungstitel bildeten, so daß zur Erlangung eines Vollstreckungstitels noch ein gerichtliches Nachverfahren nötig war. Auch konnte es nicht als idealer Zustand bezeichnet werden, daß die Gerichtsbarkeit über das Betriebsrätegesetz zum Teil den Schlichtungsausschüssen, zum Teil den Gewerbeaufsichtsbeamten usw. oblag. Zudem wurde die

---

[1]) Verordnung vom 8. März 1920.

[2]) In Bayern trat an die Stelle der Bezirkswirtschaftsräte die für den Sitz des Betriebes zuständige Bezirksverwaltungsbehörde, in München der Stadtrat, und an die Stelle des Landeswirtschaftsrats das Staatsministerium für Soziale Fürsorge (Bayer. Staatszeitung, Nr. 45, 1920).

[3]) Durch besondere Verordnungen sind für die Betriebe der Post, Eisenbahn usw. Sondervertretungen und Sonderschlichtungsausschüsse errichtet, die besondere Zusammensetzung aufweisen.

Forderung laut, besonders von seiten der Arbeitnehmerschaft, die für die Gewerbeaufsichtsbeamten zuständigen Streitsachen auch von Stellen entscheiden zu lassen, in denen Arbeitgeber und Arbeitnehmer mitwirken. Daher wurde durch die Verordnung über das Schlichtungswesen vom 30. Oktober 1923 und durch die Ausführungsverordnungen vom 10. Dezember 1923 und 29. Dezember 1923 die Arbeitsgerichtsbarkeit neu geordnet.

Nunmehr sind die Schlichtungsausschüsse und die neue Einrichtung des Schlichters nur noch für Streitigkeiten über Gesamtvereinbarungen zuständig, aus dem Gebiete des Betriebsrätegesetzes also Streitigkeiten über die Betriebsordnung, über gemeinsame Dienstvorschriften und Betriebsvereinbarungen. Für alle anderen Streitigkeiten einschließlich derjenigen, die die Gewerbeaufsichtsbeamten usw. als Ersatzstellen für die Bezirkswirtschaftsräte zu entscheiden hatten, wurden Arbeitsgerichte gebildet. Da man aber eine befriedigende Lösung für die Bildung von Arbeitsgerichten noch nicht gefunden hatte, fand auch jetzt wieder nur eine vorläufige Regelung statt. Nach der Schlichtungsverordnung haben „als Arbeitsgerichte bis zur Errichtung allgemeiner Arbeitsgerichte" bei Streitfällen, in denen auf Arbeitnehmerseite nur Handlungsgehilfen und Handlungslehrlinge beteiligt sind, das Kaufmannsgericht, im übrigen das Gewerbegericht zu gelten. In Bezirken, in denen kein Gewerbe- oder Kaufmannsgericht besteht, sind bei den Schlichtungsausschüssen „arbeitsgerichtliche Kammern" zu bilden. Die Arbeitsgerichte entscheiden endgültig, eine Berufung ist also nicht zulässig. Die Schlichtungsverordnung ist am 1. Januar 1924 in Kraft getreten.[1])

### 2. *Die vorläufigen Arbeitsgerichte.*

Da die Schlichtungsausschüsse auf Grund der Schlichtungsverordnung vom 30. Oktober 1923 nur noch für Gesamtstreitigkeiten zuständig sind (aus dem Betriebsrätegesetz also für Streitigkeiten über Betriebsvereinbarungen usw.), die Betriebsräte es aber vermeiden, Betriebsvereinbarungen abzuschließen[2]), kommt als richterliche Instanz für Streitigkeiten aus dem Betriebsrätegesetz fast ausschließlich nur das Arbeitsgericht (vorläufige Arbeitsgericht) in Betracht. Zwar hat dieses auch Streitigkeiten aus der

---

[1]) Betr. des neuen Arbeitsgerichtsgesetzes s. Anm. 4 auf S. 77.

[2]) Siehe auch S. 51.

Verordnung betr. eine vorläufige Landarbeitsordnung vom 24. Januar 1919 und aus dem Reichsversorgungsgesetz in der Fassung vom 30. Juni 1923 zu bearbeiten, doch machen diese nur einen verschwindenden Teil der verhandelten Fälle aus (im Jahre 1924 1,2%).

Aus der Tätigkeit der Arbeitsgerichte kann man sehr wichtige Schlüsse auf die Auswirkungen des Betriebsrätegesetzes ziehen. Vor allem findet man eine Bestätigung der Bedeutung, die den Aufgaben der Vertretung der Arbeitnehmerinteressen beizumessen ist. Ganz klar geht dies auch aus der Statistik hervor, die vom Statistischen Reichsamt für das Jahr 1924 über die Streitigkeitsart der vor den Arbeitsgerichten (Gewerbe- und Kaufmannsgerichten als Arbeitsgerichten und den arbeitsgerichtlichen Kammern der Schlichtungsausschüsse) verhandelten Sachen aufgestellt wurde[1]). Es betrafen:

90,7% aller Sachen (44560 Sachen) Streitigkeiten nach §§ 84 bis 90 des BRG. (Entlassung von Arbeitnehmern, Entschädigungspflicht des Arbeitgebers),

1,0% (467 Sachen) Streitigkeiten nach §§ 82, 83 des BRG. (von der Betriebsvertretung angefochtene Einstellungen von Arbeitnehmern),

0,8% (407 Sachen) den Ausschluß von Mitgliedern des Betriebs-, Arbeiter- und Angestelltenrats und des Gesamtbetriebsrats, das Erlöschen der Stellung als Betriebsobmann und die Auflösung des Betriebsrats (§§ 39 Abs. 2, 41, 44 Abs. 1, 56 Abs. 2 und 60 des BRG.),

0,2% (116 Sachen) die Einberufung eines vorläufigen Betriebsrats, Einführung von einem oder mehreren gemeinsamen Betriebsräten an Stelle des Gesamtbetriebsrates und Fragen betr. den Gesamtbetriebsrat von Gemeinden, Gemeindeverbänden und öffentlichen Körperschaften (§§ 43 Abs. 2, 44 Abs. 4 Satz 2, 52 Abs. 1 und 2, 53, 56 Abs. 2 und 60 in Verbindung mit 43 d. BRG.),

0,2% (97 Sachen) Festsetzung von Strafen (§ 80 Abs. 2 des BRG.),

2,0% (974 Sachen) Fragen, die sich auf die Errichtung, Bildung und Zusammensetzung von Betriebsvertretungen beziehen (§ 93 des BRG.) und

---

[1]) Vierteljahreshefte zur Statist. d. D. Reiches 1925, 3. Heft, S. 121ff.

3,9% (1397 Sachen) Fälle der Ersetzung der Zustimmung der Betriebsvertretung zur Kündigung ihrer Mitglieder (§§ 97, 98 des BRG.[1]).

Die Arbeitsgerichte haben die schwere Aufgabe, an der Überbrückung der tiefen Kluft zwischen Arbeitgeber und Arbeitnehmer, die unser Volk in zwei feindliche Lager spaltet, an hervorragender Stelle mitzuwirken. Die Bedeutung dieser Sondergerichte liegt in der Heranziehung des Laienelements, das mit den allgemeinen Verhältnissen des Berufsstandes aus eigener Erfahrung vertraut ist und auf Grund dieser Sachkunde mitzuentscheiden hat. Aus der beruflichen und sozialen Lage heraus sollen die Rechtsverhältnisse in Arbeitsstreitigkeiten geklärt werden. Zweifellos wird durch eine Vervollkommnung des Rechtszustandes nicht nur die Rechtssicherheit von Arbeitgeber und Arbeitnehmer, sondern insbesondere auch das Staatsbewußtsein der Arbeitnehmer gehoben[2]). Kaskel bezeichnet das Arbeitsrecht direkt als wesentlichstes Mittel zur Lösung der sozialen Frage[3]).

Die Sondergerichte sind ferner aus dem Bedürfnis einer möglichst schnellen Sachentscheidung entstanden, da das Hinausziehen der Entscheidung einer Streitsache für die finanziell schlecht gestellten Arbeitnehmer in den meisten Fällen nicht tragbar ist. Die Möglichkeit, daß durch eine unrichtige Entscheidung das Recht einer Partei einmal beeinträchtigt werden kann, muß dabei als kleineres Übel in Kauf genommen werden. Die oben genannte statistische Erhebung für das Jahr 1924 zeigt in dieser Hinsicht auch für die Arbeitsgerichte entsprechende Resultate. Danach verging bis zur Fällung des kontradiktorischen Endurteils im Urteilsverfahren bzw. bis zum Zustandekommen eines endgültigen Beschlusses im Beschlußverfahren eine:

| Zeit von | im Urteilsverf. | im Beschlußverf. |
|---|---|---|
| 1 Woche und weniger | in 12,7% | in 12,9% |
| 1—2 Wochen | in 27,6% | in 32,9% |
| 2 Wochen bis 1 Monat | in 32,9% | in 33,3% |
| 1—3 Monaten | in 22,6% | in 16,9% |
| mehr als 3 Monaten | in 4,2% | in 4,0% |

[1]) Die restlichen 1,2% betrafen Streitigkeiten aus der Verordnung betr. eine vorläufige Landarbeitsordnung vom 24. Januar 1919 und aus dem Reichsversorgungsgesetz in der Fassung vom 30. Juni 1923.

[2]) Nörpel in Gew. u. Kaufm.Ger. vom 1. April 1924, Sp. 106.

[3]) Kaskel, S. 3.

der Fälle. Von Interesse ist auch die Höhe des Wertes der einzelnen Streitsachen, der von der Statistik ebenfalls erfaßt wurde. Es betrug der Wert[1]):

| | | |
|---|---|---|
| in 7,5% | der Fälle . . . | bis zu 20 RM. |
| „ 16,9% | „ „ . . . | 21– 50 RM. |
| „ 16,4% | „ „ . . . | 51–100 RM. |
| „ 31,3% | „ „ . . . | 101–300 RM. |
| „ 27,9% | „ „ . . . | mehr als 300 RM. |

Die Einrichtung und Arbeitsweise der vorläufigen Arbeitsgerichte haben zu heftiger Kritik Anlaß gegeben. Zwar gestehen auch die Gewerkschaften zu, daß die jetzt bestehende Regelung der Entscheidung von Arbeitsstreitigkeiten nur ein Provisorium sein kann und die gegenwärtigen, verworrenen Rechtsverhältnisse auf die Dauer nicht beibehalten werden können[2]). Die Kritik hat aber im wesentlichen von seiten der Arbeitgeber eingesetzt.

Infolge der Übertragung der Aufgaben der Arbeitsgerichte in vorläufiger Regelung an die Gewerbe- und Kaufmannsgerichte wurden diese mit zwei verschiedenen Aufgabenkreisen betraut, und zwar einerseits mit der Rechtsprechung auf Grund des Gewerbegerichtsgesetzes und anderseits mit der Rechtsprechung auf Grund des Art. II der Schlichtungsverordnung (als Arbeitsgerichte). Hieraus entstand eine Rechtsunsicherheit, die der Geschäftsbericht der Vereinigung der Deutschen Arbeitgeberverbände für die Jahre 1923 und 1924[3]) als noch unerträglicher bezeichnet, als den vor der Schlichtungsverordnung vom 30. Okt. 1923 vorhanden gewesenen Rechtszustand. Vor allem wurden die Zuständigkeitsvoraussetzungen oft nicht eingehalten. Es wurden Urteile gefällt, in denen Gewerbegerichte sowohl über Fragen in ihrer Eigenschaft als Gewerbegericht als auch gleichzeitig über Fragen in ihrer Eigenschaft als Arbeitsgericht entschieden. Die Bedeutung liegt in der verschiedenen Berufungsmöglichkeit. In Sachen, für die das Gewerbegericht zuständig ist, kann

---

[1]) Wertangaben liegen jedoch nur von 45372 Fällen vor (vom Gewerbe- und Kaufmannsgericht Hamburg fehlen die Angaben). Hiervon wurde in 25136 Fällen oder 55,9% der Wert nicht festgestellt, die Zahlen beziehen sich also auf den verbleibenden Rest.

[2]) Nörpel in Gew. u. Kaufm.Ger., 30. Jahrg., Sp. 245.

[3]) S. 63.

Berufung eingelegt werden, nicht aber in Sachen, die unter die Zuständigkeit des Arbeitsgerichts fallen.

Auch gegen die endgültige Entscheidung der vorläufigen Arbeitsgerichte wendet sich die Kritik. Zwar entschieden die Schlichtungsausschüsse auch materiell endgültig. Aber es wird darauf hingewiesen[1]), daß doch ein wesentlicher Unterschied besteht. Die Entscheidungen der vorläufigen Arbeitsgerichte sind vollstreckbar, die Entscheidungen der Schlichtungsausschüsse waren es aber nicht. Um einen Anspruch aus der Entscheidung eines Schlichtungsausschusses praktisch zu verwirklichen, mußte vor den Gerichten Klage erhoben werden. Diese waren zwar materiell an die Entscheidung des Schlichtungsausschusses gebunden, formell aber verpflichtet, die Entscheidung auf die formellen Gesichtspunkte des Zustandekommens der Entscheidung und die Zuständigkeit des Schlichtungsausschusses nachzuprüfen. Hierdurch seien Entscheidungen sehr häufig im landgerichtlichen Verfahren aufgehoben worden und daher doch ein gewisser Instanzenzug in formeller Hinsicht möglich gewesen.

Die übrigen Einwände beziehen sich auf Punkte, die schon in bezug auf die Tätigkeit der Schlichtungsausschüsse und Gewerbe- und Kaufmannsgerichte in eigener Tätigkeit Anlaß zu Klagen gegeben haben. Zunächst sei infolge der Bestimmungen über die Zusammensetzung der Laienrichter auf Arbeitgeberseite keine Gewähr dafür vorhanden, daß diese auf Grund eigener Erfahrungen den Streitfall zu beurteilen vermögen, wenn es sich um Streitfälle in Großbetrieben handle. Als Arbeitgeber gelten nach § 16 des Gewerbegerichtsgesetzes diejenigen selbständigen Gewerbetreibenden, die mindetens einen Arbeiter regelmäßig das Jahr hindurch oder zu gewissen Zeiten des Jahres beschäftigen. Hierdurch seien auch kleine Gewerbetreibende als Beisitzer zugelassen, die die Eigenarten und Erfordernisse der Großindustrie nicht kennen. Gerade bei Streitigkeiten aus dem Betriebsrätegesetz sei dieser Mißstand besonders in Erscheinung getreten. Die Stellungnahme mancher Arbeitsgerichte zum Begriff der unbilligen Härte gemäß § 84 Ziff. 4 wird hiermit in engem Zusammenhang stehen[2]).

---

[1]) Erdmann in Gew. u. Kaufm.Ger., 30. Jahrg., Sp. 92.

[2]) Beispiele s. S. 38, Anm. 1.

Ferner richtet sich die Kritik gegen das politische Moment, da ja die Gegensätze zwischen Arbeitgeber und Arbeitnehmer nicht nur wirtschaftlicher sondern auch politischer Natur sind. Hier wird vor allem geltend gemacht, daß kleine Gewerbetreibende oft Angehörige der sozialdemokratischen Partei seien, und daß oft das Urteil von vornherein vorbestimmt sei, wenn ein Beisitzer auf Arbeitgeberseite „umfalle". Am Berliner Gewerbe- und Kaufmannsgericht besteht geradezu eine „Liste freier Arbeitgeber", die sozialdemokratisch orientiert sind. Im Verhältnis zur „Bürgerlichen Liste" fallen sie aber kaum ins Gewicht. Beim Kaufmannsgericht stehen den 250 Beisitzern der bürgerlichen Liste 3 Beisitzer der Liste freier Arbeitgeber gegenüber, beim Gewerbegericht den 239 bürgerlichen sogar 11 freie Arbeitgeber[1]).

Ebenfalls aus politischen Gründen wird gegen die Möglichkeit Einspruch erhoben, daß Gewerkschaftssekretäre als Vorsitzende bestellt werden können, da § 12 des Gewerbegerichtsgesetzes nur verlangt, daß der Vorsitzende des Gewerbegerichts weder Arbeitnehmer noch Arbeitgeber ist[2]). Die Arbeitgeberverbände haben hierzu wiederholt energisch Stellung genommen. Auch Friedländer betont[3]), daß das Vertrauen eines Richters leiden muß, wenn die betreffende Persönlichkeit, ganz gleich an welchem Sitzungstage und in welcher Sache, auch als Parteivertreter (und zwar immer derselben Partei) tätig ist, wie das bei Gewerkschaftssekretären meist der Fall ist[4]).

Ein wesentlicher Teil der weiteren Auswirkungen des Betriebsrätegesetzes wird von der zukünftigen Rechtsprechung der endgültigen Arbeitsgerichte abhängen. Der neue

---

[1]) Nach mündl. Auskunft des Berliner Gew. u. Kaufm.Gericht.

[2]) Entsprechend auch gegen die Bestellung von Gewerkschaftssekretären zu Schlichtern. E. v. Borsig, S. 25.

[3]) Gew. u. Kaufm.Ger., 31. Jahrg., Sp. 195.

[4]) Bezeichnend ist der Fall Hentschel, dessen Tätigkeit bei den Arbeitgebern große Unzufriedenheit auslöste. Hentschel (Gewerkschaftssekretär) war am 3. Januar 1924 vom Gemeinderat mit 5 sozialdemokratischen und 3 kommunistischen Stimmen gegen 7 bürgerliche Stimmen zum Vorsitzenden des Gewerbegerichts gewählt. (Aus den Akten d. Vereinigung d. D. Arbeitgeb.Verb.) Schon das Wahlergebnis beweist, daß das Vertrauen in die innere Unbefangenheit des Vorsitzenden nicht auf beiden Seiten vorhanden war.

Entwurf eines Arbeitsgerichtsgesetzes[1]) hat daher die Öffentlichkeit lebhaft beschäftigt. Der Verbandstag der Gewerbe- und Kaufmannsgerichte (am 2. und 3. Oktober 1925 zu Stuttgart) hat sich auf den Boden des Entwurfs gestellt. Der Vertreter der Vereinigung der Deutschen Arbeitgeberverbände, Dr. Erdmann, stimmte dem Entwurf prinzipiell bei, forderte aber noch größere Eingliederung in die ordentliche Gerichtsbarkeit[2]). Der Vertreter des Allgemeinen Deutschen Gewerkschaftsbundes, Cl. Nörpel bezeichnete den Entwurf als geeignete Verhandlungsgrundlage[3]). Ob aber die Arbeitnehmerschaft allgemein diesen Standpunkt teilt, darf bezweifelt werden. Bei Betriebsräten stößt man jedenfalls auf keine große Gegenliebe für den neuen Entwurf[4]).

---

[1]) Mehr als 20 Referentenentwürfe sollen in den letzten Jahren im Reichsarbeitsministerium aufgestellt worden sein. Gew. u. Kaufm.Ger., 30. Jahrg., Sp. 489.

[2]) Gew. u. Kaufm.Ger., 31. Jahrg., Sp. 59.

[3]) Ebenda, Sp. 58.

[4]) Der Entwurf ist am 13. Dezember 1926 vom Reichstag verabschiedet worden und wird nach Stellungnahme des Reichsrats voraussichtlich Gesetz werden. (Eine Besprechung des Entwurfes in dieser endgültigen Fassung konnte aber nicht mehr vorgenommen werden. D. Verf.)

## VI. Die durch das Betriebsrätegesetz verursachten Kosten.

Vornehmlich Arbeitgeberverbände, jedoch zum Teil auch Arbeitgeber selbst, neigen dazu, die Angaben der durch Ausführung des Betriebsrätegesetzes entstehenden Kosten zu übertreiben.

In der Literatur hat man sich mit der Kostenfrage nur wenig beschäftigt. Die Angaben, die Berthelot in seiner Arbeit gibt, die er im Auftrage des Internationalen Arbeitsamts in Genf herausgegeben hat, gehen auf den eigentlichen Kern der Frage nicht ein, da Berthelot nur summarische Kostenbeträge bringt, sie aber nicht zur Kopfzahl der Arbeitnehmerschaft der betreffenden Betriebe in Beziehung setzt[1]). Überdies handelt es sich um Beträge aus der Inflationszeit, was schon an sich nicht geeignet ist, über die Frage Klarheit zu schaffen. Größere Beachtung hat das Ergebnis einer Rundfrage der Deutschen Bergwerkszeitung bei fast sämtlichen Werken ihres Industriebezirks im Herbst 1924 gefunden[2]). Danach sind vielfach, insbesondere bei kleineren und mittleren Werken, gar keine oder nur so geringe Kosten entstanden, daß sie nicht angegeben werden konnten, während für größere Betriebe die Kosten als nicht unerheblich bezeichnet wurden (die Kosten im Verhältnis zu der Gesamtsumme der Löhne und Gehälter).

Die einzige Möglichkeit, sich über die Höhe der entstehenden Kosten ein Urteil zu bilden, ist die, sie nach Art der Deutschen Bergwerkszeitung in Beziehung zur Belegschaftsstärke zu setzen. Darum ist die Berthelotsche Darstellung unzulänglich. Es ist sehr schwer, sich über die Kostenhöhe einen allgemeinen Überblick zu verschaffen, da die Arbeitgeber hierin sehr zurückhaltend sind, ebenso auch die Arbeitgeberverbände, die verschiedentlich Erhebungen veranstaltet haben. Dem Verfasser sind aber einige

---

1) Berthelot, S. 115ff.

2) Deutsche Bergwerkszeitung 1924, Nr. 272, vom 18. November 1924.

Angaben zur Verfügung gestellt worden, die sicherlich den allgemeinen Verhältnissen nahekommen werden.

Für die Reichsbahn betrug nach folgender Zusammenstellung für das Wahljahr 1923/24 der Verlust an Arbeitsausfall 494676 Arbeitsstunden.

Betriebsvertretungen bei der Reichsbahn im Wahljahr 1923/24.

| | Zahl der Betriebsräte | Zahl der Betriebsratsmitglieder | Dienstbefreiungen bei wieviel örtlichen Betriebsvertretungen | | | | |
|---|---|---|---|---|---|---|---|
| | | | völlig | wöchentlich | | | |
| | | | | 9 Std. | 24 Std. | 36 Std. | 48 Std. |
| a) Bezirksbetriebsräte . . . . . . | 34 | 374 | 71 | 2 | 1 | — | — |
| b) Örtliche Betriebsräte . . . | 4 404 | 15 792 | 13 | 159 | 72 | 50 | 10 |

Nimmt man die Kosten hierfür mit 500000 RM. (1 RM. Stundenlohn) an, so berechnen sich die Kosten bei einer Belegschaftsstärke von 390000 Arbeitern[1]) pro Kopf und Jahr mit 1,28 RM. Unterlagen für die Geschäftsführungskosten liegen nicht vor.

Das Postministerium macht folgende Kostenangaben für das Jahr 1925/26.

durch Arbeitsausfall der Betriebsratsmitglieder . . 32000 RM.
durch Geschäftsführungskosten. . . . . . . . . . . 67000 RM.
durch Wahlen . . . . . . . . . . . . . . . . . . . 1000 RM.
Sa. 100000 RM.

Die Stärke der Belegschaft betrug im Jahre 1925 62075 Personen. Die Kosten pro Kopf und Jahr betrugen also rund 1,60 RM.

Bei diesen Angaben ist zu berücksichtigen, daß sie sich zum Teil auf viele Betriebe mit sehr kleiner Belegschaft beziehen. Die Betriebsrätearbeit nimmt in diesen nur wenig Zeit in Anspruch und kann leicht außerhalb der Arbeitszeit verrichtet werden. Die Kosten werden dadurch vermindert.

In einem mittleren Betriebe der Metallindustrie betrugen die Kosten, die für die 34.—52. Woche des Jahres 1925 zusammengestellt wurden, 514,11 RM. für 553¾ Stunden durch

---

[1]) d. i. die Zahl der wahlberechtigten Arbeiter im Frühjahr 1924.

Arbeitsausfall bei einer durchschnittlichen Belegschaftsstärke von 440 Arbeitnehmern während dieser Zeit. Jährlich werden die Vorsitzenden des Arbeiter- und Angestelltenrates zu einer einmal stattfindenden Generalversammlung geladen. Die Aufwandsentschädigung einschließlich Bahnfahrt, beträgt für beide 80 RM. Die Kosten belaufen sich pro Kopf und Jahr auf 3,40 RM., ausschließlich der Geschäftsführungskosten, die aber als sehr minimal bezeichnet werden.

In einem großen Berliner Konzern, mit einer Belegschaft von rund 55 000 Personen im Frühjahr 1926, beträgt die für die Tätigkeit der Betriebsvertretungen vereinbarte Arbeitszeit wöchentlich 2108 Stunden; hinzu kommen wöchentlich 261 Sprechstunden zur Entgegennahme dringender Wünsche und Beschwerden. Das würde einen Arbeitsausfall von rund 150 000 Stunden pro Jahr bedeuten (wobei der Arbeitsausfall durch die beschwerdeführenden Arbeitnehmer berücksichtigt ist) und eine Belastung von 2,75 RM. pro Kopf und Jahr (bei durchschnittlich 1 RM. Stundenlohn), ausschließlich der Geschäftsführungskosten, die auch hier nicht zur Verfügung stehen.

Entsprechend sind die Angaben, die von den Firmen in überschlägiger Rechnung gemacht werden, im allgemeinen in einer Höhe von 2—3 RM. pro Kopf der Belegschaft und Jahr gehalten. Es kann also nicht ernstlich behauptet werden, daß die Kosten merkbar ins Gewicht fallen.

Trotzdem ist aber von Arbeitgeberseite geltend gemacht worden, daß durch das Betriebsrätegesetz „der Deutschen Wirtschaft ohne zwingende Notwendigkeit sehr beachtliche Werte" verlorengehen, und daß man deshalb jedes andere Land davor warnen könne, ein „wirtschaftlich so kostspieliges und zweckloses Experiment" durchzuführen (E. Lange, Berlin[1])). Wenn auch derartige Stimmen nur vereinzelt laut werden, so ist ihnen doch in Anbetracht der Bestrebungen mancher Arbeitgeberkreise, unter Ausnutzung der heutigen Wirtschaftskrise gegen das Betriebsrätegesetz Stimmung zu machen, einige Bedeutung beizumessen. Lange's Ansicht begründet sich auf die Verhältnisse in einem Großunternehmen, das mit dem oben genannten Konzern identisch zu sein scheint. Er kommt auch in bezug auf die Kostenhöhe zu

[1]) im Zentralblatt für das deutsche Baugewerbe vom 1. Juni 1926, S. 157.

ungefähr denselben Ergebnissen. Dieser Konzern ist aber bei der zuständigen Gewerbeaufsichtsbehörde als sehr entgegenkommend in bezug auf Gewährung von Freistellungen der Betriebsratsmitglieder bekannt, die Kosten dieses Konzerns sind also als über dem Durchschnitt stehend zu werten. Jedenfalls kann die Kostenhöhe nicht als stichhaltiger Grund für eine Ablehnung des Betriebsrätegesetzes betrachtet werden. Man will doch wohl auch nicht ernstlich die Betriebsrätearbeit als völlig unproduktiv bezeichnen! Man würde damit in denselben Fehler verfallen, der der Marxschen Begriffsbestimmung der produktiven Arbeit zugrunde liegt. Interessengegensätze und entgegengesetzte geistige Einstellungen lassen sich nun einmal aus der Welt nicht wegdenken. Die Arbeit aber, die zur Überbrückung oder Milderung der Gegensätze geleistet wird, kommt letzten Endes auch der Produktion zugute, sofern nicht übermäßige Zeit[1]) auf sie verwandt wird. Daß ein gesetzlich geregelter Beschwerdeweg weniger Gerede und Auseinandersetzungen in der Belegschaft während der Arbeitszeit mit sich bringt und hierdurch der durch die Tätigkeit der Betriebsvertretungen entstehende Arbeitsausfall ausgeglichen werden kann, liegt sicher im Bereiche der Möglichkeit. Vor allem ist auch nicht die unbestritten positive Auswirkung zu vergessen, daß durch das Bestehen der Betriebsvertretung für politisch bewegte Zeiten Arbeitnehmervertretungen vorhanden sind, mit denen in erfolgreiche Verhandlung getreten werden kann, da sie das Vertrauen der Belegschaft genießen und auf sie Einfluß besitzen. Daß die Einrichtung der Betriebsvertretung dem Arbeitgeber einige Unbequemlichkeiten bereitet, ist zuzugeben. Dies darf aber für die Beurteilung des Betriebsrätegesetzes nicht bestimmend sein.

Bezeichnend für die Unhaltbarkeit von Einwänden der erwähnten Art ist die Äußerung eines Arbeitgebervertreters, der das Betriebsrätegesetz als ein nun einmal vorhandenes Übel bezeichnete. Auf die Gegenfrage, was denn heute wäre, wenn das Betriebsrätegesetz nicht bestände, sah er sich zu dem Zugeständnis gezwungen: „Ja, dann wäre das Übel noch größer!"

[1]) Im letzten Jahre sind in der Industrie meist die noch auf die Inflationsverhältnisse zugeschnittenen Sprechstunden der Betriebsräte usw. abgebaut worden.

# VII. Die Betriebsräteschulung.

## *1. Ziel und Grenzen der Betriebsräteschulung.*

Ganz allgemein ist ersichtlich, daß der Erfolg der Betriebsrätearbeit von zwei wichtigen Faktoren abhängig ist: von der persönlichen Einstellung, sowohl der Betriebsvertretung als auch der Betriebsleitung, und von dem Maße, wieweit beide Parteien aufeinander eingespielt sind. Diese beiden Faktoren beeinflussen das Ergebnis so ausschlaggebend, daß man auf Grund der hierdurch möglichen verschiedenen Auswirkung kein einheitliches, allgemein gültiges Urteil über die Auswirkung des Gesetzes fällen kann.

Von der persönlichen Einstellung hängt es ab, ob eine ersprießliche Arbeit überhaupt möglich ist. Die Einsicht, daß radikale und, daraus entstehend, provokatorische Amtsführung notwendig jeden Erfolg in Frage stellen muß, hat sich bei beiden Parteien sehr schnell durchgesetzt. Sie dürfte heute Gemeingut jedes vernünftig und auf positive Arbeit eingestellten Arbeitnehmers und Arbeitgebers sein. Die Einstellung auf seiten der Betriebsvertretung ist aber nicht nur Sache des Willens, sondern ist noch an eine andere Bedingung geknüpft, den Grad der geistigen Fähigkeiten der Betriebsvertretungsmitglieder. Wenn Verständnis, Einsicht und Klugheit vorherrschen, kann eine gemeinsame Arbeit gedeihen. Daß die Betriebsratsmitglieder in Großbetrieben verhältnismäßig wenig wechseln, hat auch wohl seinen Grund darin, daß bei der größeren Anzahl der Arbeitnehmer die Möglichkeit größer ist, intelligente Kräfte in den Betriebsrat zu schicken, die mit Klugheit ihr Amt zu verwalten wissen und daher meist wieder gewählt werden. In Kleinbetrieben ist die Auswahl geringer. Die Betriebsratsstellen müssen jedoch besetzt werden, auch wenn in dem Betriebe nicht in ausreichender Zahl einsichtige Arbeiter vorhanden sind.

Der zweite Faktor liegt in den vielen unsichtbaren Fäden, die zwischen den Mitgliedern der Betriebsvertretungen und der Betriebsleitungen infolge ihrer gemeinsamen Tätigkeit hin und her laufen. Es ist dies in den Tiefen des Menschentums begründet, wovon sich auch gegnerische Parteien nicht ganz freimachen können. Wenn Betriebsleitung und Betriebsvertretung jahrelang zusammengearbeitet haben, wenn sie gegenseitig ihre guten und schwachen Seiten kennen und hierdurch in der Lage sind, manchen Schwierigkeiten aus dem Wege zu gehen, wenn vor allem die Betriebsleitung erkannt hat, daß die Betriebsvertretung das Vertrauen der Belegschaft besitzt und Ansehen bei der Gewerkschaft genießt, die Stellung der Betriebsvertretung also derartig ist, daß die Ausführung von Verabredungen gewährleistet erscheint, erst dann ist die Grundlage geschaffen, auf der allein der tiefere Sinn des Betriebsrätegesetzes zur Auswirkung kommen kann. Viele Arbeitgeber weisen ausdrücklich darauf hin, daß erst nach langer gegenseitiger Einarbeitung die Tätigkeit für beide Seiten zu wirklichem Nutzen geworden ist.

Um dieses Ziel bei einer möglichst großen Anzahl von Betrieben zu erreichen, hat man mit einer entsprechenden Schulung der Betriebsratsmitglieder begonnen. Die Gewerkschaften haben die Notwendigkeit einer Betriebsräteschulung früh erkannt. Zunächst allerdings ließen sie sich aus eigenem Interesse leiten. Sie fürchteten die Konkurrenz der Betriebsräte und suchten diese in ihre Hand zu bekommen: „Es ist ja klar, daß nur derjenige, der die Schulung der Betriebsräte tatsächlich in der Hand hat, die Betriebsräte auf die Dauer selbst hat"[1]). Dann aber sahen die Gewerkschaften in der Betriebsräteschulung auch „die Erziehung der Arbeiter zu bewußten, verantwortungsfreudigen Trägern der Produktion". Die Betriebsräte „müssen geschult werden, um wirklich einmal durch ihre Organe eine Kontrolle der Produktion durchführen zu können. Dazu müssen sie natürlich den ganzen Produktionsprozeß in seinem Wesen und Zusammenhang verstehen. Sie zu diesem Verständnis anzuleiten, ist die Hauptaufgabe einer richtig aufgefaßten Betriebsräteschulung"[2]).

---

[1]) Winschuh, S. 89.
[2]) Walther Koch, Soz. Mo.Hefte 1921, S. 876.

Die Erfahrungen der Praxis konnten aber auch an der Politik der Gewerkschaften nicht spurlos vorübergehen. „Wer die Praxis der Betriebsrätearbeit in den letzten drei Jahren beobachtet hat, der kann nicht übersehen haben, daß die oft auf Verkennung der Wirklichkeit beruhende hingebende Gläubigkeit an angeblich revolutionäre Wahrheiten, die obendrein noch mißverstanden wurden, die Betriebsräte in vielen Fällen in falsche Hoffnungen gewiegt, auf falsche Wege und zum Mißerfolg geführt hat . . . Die Aufgabe einer ernsten Betriebsräteschulung wird es nun sein, Licht und Schatten hier besser zu verteilen und die Betriebsräte zur Erkenntnis ihrer Stellung sowie der Möglichkeiten und der Grenzen ihrer Aufgaben im Rahmen der wirtschaftenden Gesellschaft zu führen"[1]). Hierbei ist aber das sozialistische Interesse die treibende Kraft: „Die proletarische Revolution kommt nicht über Nacht, wird nicht vollführt mit M.G.[2]), Errichten von Barrikaden und revolutionären Ansprachen an die Massen, sondern muß in ernstem Ringen und zäher unermüdlicher Arbeit vom Proletariat erzwungen werden . . . Um zu dieser Fähigkeit zu gelangen, muß der Betriebsrat befleißigt sein, sich Bildung anzueignen"[3]).

Auch von staatlicher Seite ist der Gedanke der Betriebsräteschulung aufgenommen worden. Das Preuß. Ministerium für Handel und Gewerbe hat sich grundsätzlich bereit erklärt, die Einrichtungen der ihm unterstehenden Fach- und Berufsschulen zur Verfügung zu stellen[4]). Ebenso hat sich die Gesellschaft für Soziale Reform in einer von ihr einberufenen Sachverständigenkonferenz mit dieser Frage beschäftigt[5]) und die Notwendigkeit der Errichtung von Betriebräteschulen betont.

Die Gewerkschaften würden es vorziehen, beim Ausbau der Betriebsräteschulung völlig im eigenen Sinne handeln zu können. Allein ihre Mittel sind beschränkt, sowohl in finanzieller Hinsicht als auch in bezug auf die Bereitstellung der Lehrkräfte. Soweit vom Staate Versuchsschulen eingerichtet oder in Aussicht genommen sind, haben sie schon mit Schwierigkeiten zu

---

1) Seidel, S. 25.
2) Maschinen-Gewehren.
3) Betr.R.Zeitschr. Met.Ind. 1925, S. 702.
4) Woldt, Betriebsräteschulung, S. 25; I. Feig, S. 630.
5) Bericht in Woldt, Betriebsräteschulung.

kämpfen, die für den Unterhalt der Teilnehmer benötigten Mittel zu beschaffen.

Bei der Auswahl der Lehrkräfte wird von den Gewerkschaften besonderer Wert darauf gelegt, daß Kräfte gewonnen werden, die imstande sind, positive Kenntnisse zu vermitteln, die die Betriebsräte befähigen, zu den Fragen, die an sie herantreten, selbständig Stellung zu nehmen und sich eine eigene Meinung zu bilden. Knoll (Allgemeiner Deutscher Gewerkschaftsbund) betonte in der oben genannten Sachverständigenkonferenz, daß eine Schulung der Betriebsräte ihre Einstellung auf den Gedanken bedeute, daß das Wirtschaftsleben eine Welt ist, die heute nicht mehr vom Standpunkt „hier Unternehmer, hier Arbeiter" behandelt werden kann, sondern daß diese Frage nur im Zusammenwirken aller Wirtschaftsfaktoren gelöst werden kann[1]). Im gleichen Sinne berichtete Woldt vom Frankfurter Räteschulverein, daß die sozialistisch orientierten Gewerkschaftsmitglieder sich auch von bürgerlichen Fachleuten Vorträge über Wirtschaftsfragen halten lassen und ihr Augenmerk nur darauf richten, tüchtige Spezialisten und Sachkenner zu erhalten.

Anderseits wird aber darauf aufmerksam gemacht, daß die Lehrmethode dem Arbeiter verständlich und ihn zu fesseln imstande sein müsse. Sehr viele gelehrte Herren hätten versagt, wenn sie als Dozenten vor Arbeitern ständen. Es sei für sie schwer, an die Dinge anzuschließen, die sich aus dem Leben des Arbeiters ergeben. Umgekehrt ist auch die Erfahrung gemacht worden, daß gewerkschaftliche Lehrer, die in dem betreffenden Bezirk beheimatet und gut bekannt sind, nicht die genügende Autorität besessen haben, da „kein Prophet in seinem Vaterlande berühmt sei"[2]). Ferner sei auch zu berücksichtigen, daß die Teilnehmer tagsüber im Betrieb gearbeitet haben und daher ermüdet und in ihrer Aufnahmefähigkeit beschränkt sind. Die allgemeine Ansicht ist, daß nicht zusammenhängende Vorträge nach Art der Hochschulvorlesungen, sondern eher die Methode der Arbeitsgemeinschaft nach Art des Colloquiums zum Ziel führen könne und ein gewisser Zwang zum Schulbesuch ausgeübt werden müsse.

Eine sehr umstrittene Frage ist die, ob es möglich ist, die Schulungsarbeit unabhängig von dem Richtungsstreit, von den

[1]) Ebenda, S. 26.

[2]) Winschuh, S. 94.

Weltanschauungsgegensätzen, durchzuführen. Herkner weist darauf hin[1]), daß in der Betriebswissenschaft, in der Buchhaltung und im Arbeitsrecht die persönliche Weltanschauung des Dozenten nicht irgendwie in Betracht komme, daß aber das Weltanschauungsmäßige in voller Ausdehnung zur Geltung käme, wenn Volkswirtschaft vorgetragen würde. Hier liegt der Kernpunkt des Problems. Auch der Staat kann seine Mitwirkung nur so lange zusagen, als er mit seiner eigenen Weltanschauung, die in der Verfassung verkörpert ist, nicht in Konflikt gerät. Allein die auf positive Wissensübermittlung gerichtete Einstellung der Arbeitnehmerschaft scheint die Lösung nicht in Frage zu stellen. In einer rein referierenden Darstellung des objektiven Tatsachenmaterials wird keine Gefahr gesehen. Der Verfasser hat auch Gelegenheit gehabt, dies von Betriebsratsmitgliedern bestätigt zu finden. Die Betriebsräte heben grundsätzlich hervor, daß sie mit großem Interesse die gegenseitigen Wirtschaftsauffassungen angehört hätten und daß sie nur hierdurch den für ihre Amtsführung notwendigen Einblick in die bestehenden Wirtschaftsverhältnisse gewinnen könnten.

Man wird an die Erfolge der Betriebsräteschulung, wenigstens soweit sie sich auf die allgemeine Ausbildung erstreckt, nur sehr bescheidene Erwartungen knüpfen können. Es liegt aber kein Grund vor, von vornherein jegliche Erfolgsmöglichkeit zu verneinen. Besonders auf den Arbeiter, der seit seiner Volksschulzeit kaum eine geistige Anregung erfahren hat, können solche Kurse, selbst wenn sie nur von kurzer Dauer sind, von großem Einfluß sein. Daß in vielen Fällen eine von Arbeitgebern oft gefürchtete Halbbildung herauskommen kann, ist nicht von der Hand zu weisen. Dies hängt aber auch von der Charakterveranlagung des einzelnen ab. Immerhin ist die Betriebsrätearbeit so vielseitig, daß die Befürchtungen nicht übertrieben werden dürfen, da gerade Einseitigkeit die Ursache zu der gefährlichen Halbbildung ist.

Die von der Ausbildung führender Persönlichkeiten gehegten Hoffnungen scheinen aber in Anbetracht der hierfür zur Verfügung stehenden besseren Schulungsmittel nicht unberechtigt zu sein. Das Schulungswesen der Betriebsräte kann aber von dem

---

[1]) Woldt, Betriebsräteschulung. S. 49.

der Gewerkschaftsbeamten nicht getrennt werden. Beide ergänzen sich. Die Betriebsräte benötigen gewerkschaftlich geschulte Mitglieder. Und die Gewerkschaften werden in Zukunft mehr denn je darauf sehen müssen, Führer heranzubilden, die über ausreichende Kenntnisse des praktischen Wirtschaftslebens verfügen. Es ist daher der Vorschlag gemacht worden, eine planvolle Ausbildung der Gewerkschaftsbeamten derartig durchzuführen, daß sich der Führernachwuchs zunächst im Betriebsverband, dann im Ortsverband, dann als Betriebsratsmitglied und schließlich im Gesamtverband und Spitzenverband zu betätigen hat[1]).

## 2. *Die Betriebsräteschulen.*

Das Betriebsrätewesen hat die Bildungsbestrebungen der Arbeiterbewegung vor eine neue Aufgabe gestellt. Die sozialistische Bildungsarbeit der Vorkriegszeit gründete sich hauptsächlich auf die Tätigkeit der Bildungsausschüsse des politischen Flügels der Arbeiterbewegung. Während des Krieges mußte die Arbeit unterbrochen werden. Nach der Revolution erfolgte dann ein sehr rascher Aufschwung, der durch die sofortige Einstellung auf die Erfordernisse des Betriebsrätewesens charakterisiert ist. Diese Entwicklung wurde gegen Ende des Jahres 1923 durch die Inflationsverhältnisse gehemmt. Die Kurse mußten aus finanziellen Gründen teilweise auf kurze Zeit ganz ausgesetzt werden. Heute gehen die Hauptvorstände der großen Zentralverbände mehr und mehr dazu über, Bildungssekretariate zu errichten. Der Allgemeine Deutsche Gewerkschaftsbund erhebt einen Kulturbeitrag und finanziert damit die Delegation von Gewerkschaftern an die Akademie der Arbeit in Frankfurt, an die Preußische Wirtschaftsschule in Düsseldorf und an die Heimvolkshochschule Tinz[2]).

Unter den verschiedenen Schulungsarten ist zwischen der allgemeinen Ausbildung für geweckte und interessierte Durchschnittsarbeiter und der sog. Spitzenausbildung für hervorragend begabte Arbeiter zu unterscheiden. Zur ersten Gruppe gehören die von den Verbänden eingerichteten Kurse und Schulen nach Art der Berliner Gewerkschaftsschule, zur zweiten

---

[1]) W. Sturmfels in „Die Arbeit" 1926, S. 450.

[2]) Die Arbeit 1926, S. 355.

Gruppe die Wirtschaftsschulen und die Akademie der Arbeit, die meist unter Mitwirkung des Staates und nach Art von Internaten betrieben werden.

Nur größere Ortsausschüsse können an eine geregelte Schulungsarbeit herangehen. Im übrigen beschränkt man sich auf örtliche Gewerkschaftskurse, die nur wenige, einmal in der Woche stattfindende Unterrichtsabende von 1½—2 Stunden umfassen. Es kann hier also nur von einer „geistigen Auflockerung“ der Teilnehmer die Rede sein. In Berlin besteht seit 1924 die Berliner Gewerkschaftsschule, die aus der Zusammenlegung der Betriebsräteschule, die schon im Frühjahr 1919 mit den ersten Kursen begonnen hatte, und der etwas später gegründeten Gewerkschaftsschule entstanden ist. Sie ist eine Abendschule und sucht ihren Teilnehmern vor allem Kenntnisse in Volkswirtschaftslehre, Betriebslehre und Arbeitsrecht zu vermitteln. Die Teilnehmer sind im ersten Jahre zu einer Anfänger-Arbeitsgruppe und im zweiten Jahr zu einer Fortschritts-Arbeitsgruppe zusammengefaßt. Die befähigtsten Kursusteilnehmer können mit Beginn des dritten Jahres an Seminaren teilnehmen, die in ihrer Arbeitsdauer unbeschränkt sind. Außerdem sind Verbandssonderkurse vorgesehen, und die beteiligten Verbände berichten auf Grund ihrer bisherigen Erfahrungen von einer fühlbaren Festigung ihres Funktionärkörpers. Bemerkenswert ist im Lehrgang 1925/26 ein tarifrechtlicher Lehrgang für Gewerkschaftsbeamte, für dessen Leitung und Durchführung sich Prof. Dr. Kaskel zur Verfügung gestellt hatte[1]).

In den letzten Semestern hatte die Gewerkschaftsschule folgende Beteiligungsziffern aufzuweisen[2]):

| | Febr./Juni 1925 | Herbst 1925 | Febr./Juni 1926 |
|---|---|---|---|
| a) Lehrplanmäßige Kurse . . . . . . . | 372 | 421 | 392 |
| b) Seminare . . . . . . . . . . . . . . | 99 | 59 | 53 |
| c) Verbandskurse . . . . . . . . . . | 720 | 641 | 367 |
| d) Jugendkurse . . . . . . . . . . . | 112 | 85 | 245 |
| Zusammen: | 1303 | 1206 | 1057 |

[1]) Ebenso hat Prof. Kaskel für die Zukunft seine Mitwirkung zugesichert.

[2]) Nach den Veröffentl. in den Vierteljahresheften d. Berl. Gewerkschafts-Sch.

Die Beteiligung von Betriebsratsmitgliedern ist verschieden, 50—60%, ihre Beteiligung an den Sonderkursen noch viel größer. Für die Teilnahme an einem Lehrgang wird für je 10 Abende eine Hörergebühr von 1,50 RM. erhoben. Den durch die starke Arbeitslosigkeit erwerbslos gewordenen Teilnehmern wird die Hörergebühr erlassen.

Ein großer Nachteil der Abendkurse ist, daß die Teilnehmer ermüdet und abgespannt in die Kurse kommen und daß dies leicht zu einem empfindlichen Hörerabfall führt. Nach den Erfahrungen des Metallarbeiterverbandes soll der Hörerabfall in Abendkursen normalerweise 30—50% betragen, während sogar nur 20—25% der Teilnehmer sämtliche Abende zu besuchen imstande seien[1]). Es sind deshalb auch schon Kurse abgehalten worden, für die die Teilnehmer (je 50—80 aus jedem Bezirk eines Verbandes) auf Kosten der Hauptkasse, zum Teil auch auf Kosten der Lokalkassen, von der Arbeit freigestellt und in einem möglichst ruhigen Städtchen ihres Bezirkes für 2½ Wochen zusammengezogen wurden. In diesen Kursen wurden vormittags 3—3½, nachmittags 2—3 Unterrichtsstunden erteilt. Von einer Reihe solcher Kurse (mit insgesamt 600 Teilnehmern) liegen einige statistische Angaben vor: ²/₃ der Teilnehmer waren Betriebsratsmitglieder, 25—70% hatten bis dahin weder ein wissenschaftliches Buch gelesen, noch ein solches im Besitz gehabt[2]). Seit dem 14. März 1926 hat der Deutsche Metallarbeiterverband eine Wirtschaftsschule in Bad Dürrenberg bei Leipzig in Betrieb. In der Schule können 80 Teilnehmer in 40 Zimmern untergebracht werden. Die Dauer der Kurse ist zunächst auf 3 Wochen bemessen für vorläufig je 50 Teilnehmer aus einem Industriezweig. Die Art des Unterrichts soll auf den betreffenden Industriezweig zugeschnitten werden. Diese Schulungsarten sind also allgemein für die interessierten Durchschnittsarbeiter bestimmt; bei der Zulassung wird daher keine besondere Auswahl getroffen.

Die für die Spitzenausbildung in Betracht kommenden Schulen sind die unter staatlicher Mitwirkung geleiteten Wirtschaftsschulen und die Akademie der Arbeit, zu denen Teilnehmer aus allen Teilen Deutschlands und aller Gewerkschafts-

---

[1]) Betr.R.Zeitschr. Met.Ind. 1925, S. 400.
[2]) Betr.R.Zeitschr. Met.Ind. 1922, S. 473.

richtungen entsandt werden. Eine besondere Stellung nimmt die Heimvolkshochschule Tinz in Thüringen ein, da der Staat sich bei Übernahme verpflichten mußte, sie mit den bisherigen Lehr- und Erziehungszielen weiterzuführen. Daher ist der sozialistische Charakter der Schule, die in der Revolution vom Arbeiter- und Soldatenrat von Reuß aus vom Fürsten Reuß abgetretenem Vermögen gegründet worden war, erhalten worden. In Tinz finden jährlich zwei Kurse von fünfmonatiger Dauer statt, die von 50 Teilnehmern besucht werden. Die Bewerber dürfen nur die Volksschule besucht haben und müssen 18—30 Jahre alt sein. Aus der Zahl der Bewerber sollen „die intellektuell und sozial Fähigsten und dem sozialistischen Kulturkreis Nächststehenden“ vom Lehrerkollegium ausgewählt werden[1]).

Als staatliche Versuchsschule wurde 1922 die Wirtschaftsschule Düsseldorf gegründet[2]). Der Träger ist das Preußische Handelsministerium. Neben der Regierung ist ein Kuratorium verantwortlich, dem Vertreter der verschiedenen Gewerkschaftsrichtungen angehören. Die Schule ist eine Tagesschule mit einjährigem Lehrgang, die Teilnehmerzahl betrug bisher 25—40. Zur Auswahl der Teilnehmer ist ein Vorkursus in Form des Fernunterrichts eingeführt, dessen Teilnahme Voraussetzung für die Aufnahme in die Schule ist. Neben der Tagesschule sind einige Abendklassen zu einem dreijährigen Lehrgang vereinigt. Das Lehrgebiet umfaßt das Studium der Wirtschaft, Betriebswirtschaft und Volkswirtschaft, von Recht, Staatsrecht, Sozialpolitik und Sprachen.

An der Spitze der staatlichen Versuchsschulen Preußens steht „die Akademie der Arbeit in der Universität Frankfurt a. M.“. Sie wurde auf Grund eines Vertrages zwischen dem Staat (Preuß. Kultusministerium mit finanzieller Unterstützung des Reiches) und den Gewerkschaften aller Richtungen errichtet, als es im Jahre 1920 galt, die Stiftungsuniversität Frankfurt durch staatliche Unterstützung aus ihrer Finanznot zu retten.

Der Staat hat sich verpflichtet[3]), die Lehrtätigkeit von drei Dozenten hauptamtlich ausüben und als nebenamtliche Dozenten

---

[1]) Viertelj.Hefte d. Berl. Gewerksch.Sch. 1925, S. 13.

[2]) Viertelj.Hefte d. Berl. Gewerksch.Sch. 1925, S. 17ff.

[3]) Akademie der Arbeit, Mitteilungen I, November 1925.

Professoren der Universitäten und Technischen Hochschulen sowie Männer aus der Praxis ihre Fachgebiete lehren zu lassen. Für die Auswahl der nebenamtlichen Dozenten soll der wissenschaftliche Ruf und die Eignung für die besondere pädagogische Aufgabe, nicht aber die weltanschauliche oder politische Richtung maßgebend sein. Jedoch soll in wirtschaftspolitischen und sozialen Fächern bei der Wahl der Dozenten auf die Weltanschauung der Hörer Rücksicht genommen werden. Der Lehrgang ist von einjähriger Dauer.

Die großen Verbände wählen nach eigenem Ermessen die Hörer der Akademie aus ihren Reihen aus und bestreiten ihren Unterhalt. Neben den Verbänden können auch Städte die Akademie beschicken. Ferner stellen die einzelnen Provinzen Stipendien für Hörer zur Verfügung, ebenso auch Vereine, z. B. der Verein für Arbeiterwohlfahrt. Der Unterricht ist ganztägig und beansprucht wöchentlich etwa 30 Stunden. Die Zahl der Teilnehmer schwankte bisher zwischen 45 und 70; auch Frauen sind zugelassen[1]). Die Verbindung mit der Universität ist in der Weise hergestellt, daß die Hörer sämtliche Büchereien, Lehrsäle, Institute usw. benutzen dürfen und die Rechte von Gasthörern der Universität haben. Doch ist zum Besuch von Universitätsvorlesungen die Genehmigung des Leiters erforderlich. Einzelne Vorlesungen der Universität, z. B. die über Arbeitsrecht (Prof. Sinzheimer), besuchen die Hörer mit den Studenten gemeinsam. Die damit verbundenen gemeinsamen Aussprachen sollen sich sowohl für die reiferen Studenten wie für die Arbeiter als förderlich erwiesen haben. Die Akademie erteilt keine Zeugnisse und Diplome. Die Gewerkschaften wollen dazu übergehen, die Entsendung zur Akademie der Arbeit vom Ergebnis einer schriftlichen Arbeit abhängig zu machen, die der pädagogischen Leitung der Akademie zur Begutachtung eingeschickt werden soll[2]). Unter den 59 Teilnehmern (darunter 1 Frau) des Jahrganges 1922/23 hielten sich die Gewerkschaftsfunktionäre und die Arbeiter aus dem Betriebe ungefähr die Wage; im Jahrgang 1925/26 waren unter den 62 Teil-

---

[1]) Ursprünglich war die Akademie für 1000 Teilnehmer und einem Lehrplan von 4 Semestern gedacht. Betr.R.Zeitschr. Met.Ind. 1920, S. 548.

[2]) Die Arbeit 1926, S. 448.

nehmern nur 5 hauptamtliche Gewerkschaftsbeamte, alle übrigen kamen aus dem Betrieb[1]).

Ein nicht zu unterschätzender Einfluß auf die Ausbildung der Betriebsratsmitglieder wird von den Betriebsrätezeitschriften ausgeübt, und man darf an dem Betriebsräteschulungswesen nicht vorübergehen, ohne die Bedeutung dieser Zeitschriften gewürdigt zu haben.

Bald nach Inkrafttreten des Betriebsrätegesetzes ging man daran, besondere Betriebsrätezeitschriften zu gründen. Zum Teil entstanden inhaltlich nicht unbedeutende Betriebsrätezeitschriften, zum Teil fand auch in den Gewerkschaftszeitschriften das Betriebsrätewesen Berücksichtigung, sei es, daß ihm ein besonderer Teil vorbehalten wurde, sei es, daß in ungezwungener Weise Betriebsrätefragen behandelt wurden. Man muß daher auch die Gewerkschaftszeitschriften unter die Betriebsräteliteratur rechnen. Im Grunde genommen waren die besonderen Betriebsrätezeitschriften auch nur gewerkschaftliche Blätter, die sich nur dadurch von anderen unterschieden, daß sie eine Reihe von wirtschaftlichen Artikeln aufnahmen, die allen Anspruch auf Sachlichkeit und Objektivität machten, besonders auch, da sie mitunter aus der Feder von anerkannten Persönlichkeiten aus dem Wirtschaftsleben stammten.

Eine hervorragende Stellung nahm die vom Allgemeinen Deutschen Gewerkschaftsbund herausgegebene „Betriebsrätezeitung" ein, die in einer Auflage von weit über 100000 Exemplaren (im März 1922 von rund 117000 Exemplaren[2])) erschien, deren Wirkung sich also auf weite Kreise erstreckte. Aufsätze und Abdrücke von Vorträgen von Prof. Dr.-Ing. Georg Schlesinger, Geheimrat Dr. Duisburg, Dipl.-Ing. zur Nedden, Baurat Dr.-Ing. E. h. W. Köster usw. waren besonders dazu geeignet, das Bestreben der Schriftleitung zu beweisen, den

---

[1]) In kleinerem Umfange war vom Staat die Einrichtung von gewerkschaftlichen Wirtschaftskursen geplant. Ein solcher hatte an der Universität Münster unter Leitung von Professor Plenge, dem Direktor des staatswissenschaftlichen Instituts an der Universität Münster, bestanden, ist aber inzwischen eingegangen. Die Kurse dauerten 3—6 Wochen. Näheres hierüber und über andere Schulungsversuche in R. Woldt, Wirtschaftl. Schul.Arb. usw.

[2]) Korrespondenzblatt 1922, S. 160.

Betriebsratsmitgliedern wirkliche Kenntnisse des Wirtschaftslebens zu vermitteln.

Im übrigen enthielten die Betriebsrätezeitschriften eingehende Beiträge zum Arbeitsrecht, zur praktischen Rechtsprechung in Arbeitsstreitigkeiten und solche gewerkschaftspolitischen Inhalts.

Heute sind die besonderen Betriebsrätezeitschriften zum großen Teil eingegangen, die Gewerkschaftsblätter an ihre Stelle getreten. Eine Folge dieser Entwicklung ist, daß die wirtschaftliche Heranbildung der Betriebsratsmitglieder kaum noch von der Zeitschriftenliteratur befruchtet wird. Hier greifen nur noch die Schulen ein.

## Schlußwort.

Am Schluß einer Untersuchung ist die Versuchung groß, zu einem abschließenden Gesamturteil zu kommen. Im vorliegenden Falle drängt sich zunächst die Frage auf: Hat sich das Betriebsrätegesetz bewährt oder nicht? Das ist die Frage, die allgemein zur Erörterung gestellt wird.

Bei der Beantwortung dieser Frage kann man von zwei grundverschiedenen Gesichtspunkten ausgehen. Man kann sagen, daß es sich darum handelt zu beantworten, ob die Ausführung der Gesetzesparagraphen einen für irgend jemanden oder irgend etwas positiv erfaßbaren Wert gezeitigt hat. Man wird feststellen müssen, daß der Arbeitnehmerschaft nicht nur der Weg freigemacht worden ist, mit ihren Beschwerden an die zuständigen Stellen zu gelangen, sondern daß sie auch die Sicherheit erlangt hat, bei ungerechter Behandlung zu ihrem Recht zu kommen. Man wird aber auch feststellen müssen, daß dem Arbeitgeber eine wirksame Möglichkeit geschaffen worden ist, in geregelter und anerkannter Form mit der ganzen Belegschaft in Beziehung treten und auf sie einwirken zu können. In diesem Sinne wäre also die Frage zu bejahen.

Anderseits kann man sich auf den Standpunkt stellen, daß das Betriebsrätegesetz von seiner wesentlichsten Neuerung aus zu beurteilen ist, daß also die Arbeit, die die Betriebsvertretung als Arbeiterausschuß im alten Sinne zu leisten hat, nicht in Rechnung zu setzen ist, sondern daß nur das durch das Betriebsrätegesetz neu geschaffene Mitwirkungs- und Mitbestimmungsrecht der Arbeitnehmerschaft der Ausgangspunkt einer Beurteilung sein darf. Dem Betriebsrätegesetz lag der Gedanke zugrunde, die Arbeitnehmer „zu Trägern der Produktion“ zu machen, und zwar sowohl in dem Sinne, um durch ihre Teilnahme an der Produktion mit ihrer Arbeit mehr geistig zu verwachsen und der durch die technische Entwicklung entstandenen Entgeistigung des Arbeitsprozesses entgegenzuwirken, als auch um durch ihre Mitwirkung „einen möglichst hohen Stand und möglichste Wirtschaftlichkeit der Betriebsleistungen" zu erzielen.

Es wäre nun zu weit gegriffen, wenn man sich von vornherein vom Betriebsrätegesetz die Möglichkeit versprochen hätte, daß eine Milderung der Wirkungen der arbeitsteiligen, großbetrieblichen Produktion unmittelbar hervorgerufen und die Arbeitnehmerschaft wieder innerlich mit ihrer Arbeit und der Unternehmung verbunden werden könnte, oder gar, daß der Teil der Arbeitnehmerschaft, der zu der bestehenden Wirtschaftsordnung grundsätzlich feindlich eingestellt ist, aus dieser Einstellung hätte herausgelöst werden können. Selbst wenn man an diese Möglichkeiten glauben wollte, wäre der Zeitpunkt seit Bestehen des Gesetzes zu kurz, um eine so grundsätzliche Umwandlung erwarten zu können. Dann aber erscheint es auch ausgeschlossen, daß allein durch die Tätigkeit der Betriebsräte eine derartige Umwandlung unmittelbar vollzogen werden kann. Die Betriebsräte sind praktisch die Funktionäre der Gewerkschaften, und eine Umwandlung kann nur durch eine innere Umstellung der sozialistischen Bewegung erfolgen.

Ebenso verfehlt wäre es gewesen, wenn man eine Steigerung der Produktion durch die Tätigkeit der Betriebsräte für möglich gehalten hätte. Das Gesetz selbst hat an diese Möglichkeit nicht gedacht, denn es hat den Betriebsräten keine diesbezüglichen Rechte eingeräumt. Und wo es den Betriebsräten eine Mitbestimmung zugebilligt hat, ist es sich bewußt gewesen, daß diese Zubilligung nur programmatischen Charakter tragen kann. Denn anders wäre die Tatsache, daß durch das Mitbestimmungsrecht in den Aufsichtsräten nur ein Teil der Unternehmungen erfaßt ist und daß den Aufsichtsräten keine leitende Tätigkeit, sondern nur eine Überwachungstätigkeit obliegt, nicht zu verstehen.

Von diesem zweiten Gesichtspunkt aus betrachtet. wäre also die Frage nach der Bewährung des Gesetzes uneingeschränkt zu verneinen.

Eine andere Fragestellung erfaßt aber den Kern des Problems besser. Das Betriebsrätegesetz hat in die gesellschaftlichen Beziehungen der Menschheit eine wichtige Änderung gebracht. Wenn auch schon vorher alle Menschen vor dem Gesetz gleich waren, so wirkte sich dieser Rechtssatz praktisch nicht aus, wenn die wirtschaftlich schwächere Partei nicht in der Lage war, ihr Recht zu verfolgen. Hier hat das Betriebsrätegesetz eingegriffen und der Arbeitnehmerschaft eine große Erleichterung in Verfolgung ihrer Rechte geschaffen. Ferner hat das Betriebsrätegesetz das Recht der Arbeitnehmer auf Mitwirkung an der Produktion wenigstens theoretisch festgelegt. Ob diese Mitwirkung bisher in Erscheinung getreten ist und ob sie in Zukunft in Erscheinung treten kann oder nicht, ist hierbei ohne Belang. Entscheidend ist vielmehr, daß hierbei Ideen zur staatlichen Anerkennung gekommen sind, die in der Ideologie des Sozialismus eine hervorragende Bedeutung gehabt haben. Daher erscheint die Fragestellung als wesentlich: Wird das Betriebsrätegesetz einen merkbaren Einfluß auf die sozialistische Bewegung ausüben und sind hierfür schon Anzeichen vorhanden?

Die Praxis des Betriebsrätewesens hat den Sozialismus vor eine Tatsache gestellt, mit der er vor 7 Jahren kaum gerechnet hatte. Damals beanspruchte die Frage seine volle Aufmerksamkeit, ob für die Gewerkschaften von seiten der Betriebsräte eine gefährliche Konkurrenz zu befürchten sei oder ob die Gewerkschaften ihre Machtstellung den Betriebsräten gegenüber behaupten würden. Inzwischen ist die Frage: „Betriebsrat oder Gewerkschaft?" zugunsten der letzteren entschieden worden, und man kann sagen, daß die machtpolitische Stellung der Gewerkschaften eine erhebliche Stärkung erfahren hat, nicht zuletzt dadurch, daß die gesicherte Stellung der Betriebsvertretung im Betriebe die gewerkschaftliche Arbeit unter der Belegschaft erleichtert.

Aber die Betriebsräteschulung, die zunächst nur den Zweck hatte, die Betriebsräte im gewerkschaftlichen Sinne zu beeinflussen, hat eine weitere Wirkung gehabt. Die Erfahrungen der Betriebsrätepraxis haben ergeben, daß die Betriebsvertretung nur dann in der Lage ist, für die Arbeitnehmer Vorteile zu erzielen, wenn sie möglichst eingehende Kenntnisse des Wirtschaftslebens und des Arbeitsrechts besitzen und auf Grund dieser höheren Erkenntnis zu einer ernsten Verhandlungstaktik befähigt sind. — Bei den Arbeitgebern ist der Hinweis: „Die gemäßigten, abgeklärten Betriebsratsmitglieder sind uns weit gefährlicher" fast sprichwörtlich geworden. — Diese Erfahrungen mußten für die Betriebsräteschulung verwertet werden. Der Zweck, die Betriebsvertretungsmitglieder durch die Schulung für ihr Amt möglichst befähigt zu machen, war zwar bei der Errichtung der ersten Betriebsräteschulen schon vorhanden, trat nunmehr aber in den Vordergrund. Damit war jedoch verbunden, daß eingehende Kenntnisse des Wirtschaftslebens nur erworben werden konnten, wenn man sich auch mit den Gesetzen der kapitalistischen Wirtschaftsordnung befaßt und sich bemüht, sich in die kapitalistische Wirtschaftsordnung hineinzudenken. Der Sozialismus, der sich seit Karl Marx zunächst auf die Kritik der Unzulänglichkeit der gesellschaftlichen Einrichtungen, im besonderen der bestehenden Wirtschaftsordnung, beschränkt hatte, ist nunmehr vor die Frage gestellt worden, in dieser Wirtschaftsordnung mitzuarbeiten oder auf die Rechte zu verzichten, die er sich selbst im Betriebsrätegesetz erkämpft hat.

Es werden Stimmen laut, aus denen man schließen kann, daß die Frage im ersten Sinne entschieden wird. Richard Seidel, ein sozialistischer Fachmann für das Schulungswesen der Betriebsräte, weist darauf hin, „daß die sozialen Reibungen allmählich eine Milderung in der Form zu erfahren scheinen, daß der Betriebsrat berufen sein soll, an der Herbeiführung dieser Milderung mitzuwirken"[1]. An anderer Stelle berührt er sich mit der Auffassung der demokratischen Gewerkschaften: „Tragende Idee der Betriebsräteschule muß die Idee der Betriebsgemeinschaft sein, die nach der Verfassung der Aufgabe der Betriebsräte zugrunde liegt und um die Einzelaufgaben des Betriebsrates das Band der Systematik schlingt"[2]. Ganz klar spricht es A. Striemer aus, der langjährige verantwortliche Schriftleiter der Betriebsrätezeitung des Allgemeinen Deutschen Gewerkschaftsbundes: „Mit dem Augenblick, in dem die Arbeiter Mitwirkungsrechte in der Wirtschaft erhielten, mußte der Umstellungsprozeß zwangsläufig einsetzen, um die Kluft zwischen Dogma und wirklichem Leben, die sich breit öffnen mußte, zu überbrücken"[3]. Und ähnlich Fr. Fricke, der Leiter der Berliner Gewerkschaftsschule: „Es

[1]) Seidel, S. 24.
[2]) Seidel, S. 29.
[3]) Betriebsrätezeitung 1923, S. 39.

ging nicht mehr an, alles, was im Staate einer Vorwärtsentwicklung entgegenstand, kurz als reaktionär und kapitalistisch abzutun und einfach zu negieren. Die Männer und Frauen der Arbeiterbewegung mußten äußerlich und innerlich auf die Mitwirkung in den Organen des neuen Staates umgestellt werden“[1]). Aber auch auf dem Breslauer Gewerkschaftskongreß im August 1925 haben sich ähnliche Strömungen geltend gemacht[2]). Unter dem Einfluß der Gruppe, die den Weg zur Wirtschaftsdemokratie einschlagen will und die auf dem Kongreß am stärksten vertreten war, wurde eine Entschließung angenommen, in der man sich für: „Beteiligung der Gewerkschaften an wissenschaftlichen Untersuchungen der Wirtschaft, Ermöglichung der Teilnahme von Arbeitern an höheren Bildungsanstalten zum Zwecke der Vermittlung der Wirtschaftswissenschaften in Theorie und Praxis und außerdem planmäßig durchgeführte Schulung aller Arbeiter und Arbeiterinnen, besonders der Betriebsräte über Organisation und Technik der Betriebe, über Zusammenhang der Betriebe in Konzernen, über Kartelle, Syndikate oder ähnliche Gebilde“ aussprach.

Freilich, Striemer mußte 1923 von seinem Amte zurücktreten, nicht wegen seines Ausspruches, den er erst nach seinem Rücktritt tat, sondern wegen seiner Amtsführung, die sich in diesem Sinne bewegte. Und die steigende Opposition der Kommunisten — „Für mich sind die Gegner der Arbeitnehmer nicht nur die Unternehmer und die bürgerlichen Parteien, sondern in erster Linie die Kommunisten“ (Nörpel)[3]) — ist nicht nur als ein Restbestand des revolutionären Betriebsrätewesens zu werten, sondern auch auf eine entgegengesetzte Stellungnahme gegenüber diesem Umstellungsprozeß zurückzuführen. Noch hat in der sozialistischen Bewegung die alte Schule die Führung. Es liegt aber durchaus im Bereiche der Möglichkeit, daß die Entwicklung der jungen Generation von den neuen Verhältnissen stärker beeinflußt wird. Ebenso verhält es sich auf seiten der Arbeitgeber. Auch hier kann die neue Generation dieser Entwicklung entgegenkommen.

Man würde jedoch zu weit gehen, wenn man voraussagen wollte, daß die sozialistische Bewegung einer grundsätzlichen Neu-

---

[1]) Die Arbeit 1926, S. 352.

[2]) H. Seelbach in „Die Arbeit“ 1926, S. 73ff.

[3]) Gewerkschaftszeitung 1924, S. 130.

einstellung entgegengeht. Der Sozialismus ist eine Folge der Mechanisierung der Arbeitsmethoden und erhält, solange diese sich nicht ändern, immer wieder neue Nahrung. Es ist aber nicht von der Hand zu weisen, daß sich die spärlichen Anzeichen einer Umstellung des Sozialismus auf Grund der durch die Betriebsrätegesetzgebung notwendig gewordenen Schulungsarbeit verstärken können und daß sich im Laufe der Zeit eine Milderung der sozialen Kampfmethoden bemerkbar machen kann.

# SCHRIFTTUM.

### *I. Grundlegende Werke.*


Herkner, H., Die Arbeiterfrage. Berlin und Leipzig. 8. Aufl. 1922.

Heyde, L., Abriß der Sozialpolitik. Leipzig. 3. u. 4. Aufl. 1923.

Kaskel, W., Arbeitsrecht. Berlin 1925.

Kautsky, K., Karl Marx' Ökonomische Lehren. Stuttgart und Berlin. 22. Aufl. 1922.

Marx, K., Das Kapital, Kritik der politischen Ökonomie. Hamburg 1922. Bd. I, 10. Aufl., Bd. II., 7. Aufl., Bd. III, 1 u. 2, 6. Aufl.

v. Philippovich, E., Grundriß der politischen Ökonomie. Tübingen. Bd. I, 9. Aufl., 1911, Bd. II,1, 7. Aufl., 1914, Bd. II, 2, 10. Aufl., 1921.

Sombart, W., Der proletarische Sozialismus. Jena 1924.

Spann, O., Die Haupttheorien der Volkswirtschaftslehre. Leipzig. 12.—15. Aufl. 1923.

Spann, O., Der wahre Staat. Leipzig 1921.

Spann, O., Fundament der Volkswirtschaftslehre. 3. Aufl. Jena 1923.

v. Wiese, L., Einführung in die Sozialpolitik. Leipzig 1910.

v. Zwiedineck-Südenhorst, O., Sozialpolitik. Leipzig und Berlin 1911.


### *II. Spezielle Buchliteratur.*


Axhausen, G., Utopie und Realismus im Betriebsrätegedanken. Berlin 1920.

Bender, H., und N. Osterroth, Das Betriebsrätegesetz und die Sozialdemokratie. Berlin 1920.

v. Berlepsch, Frhr., H., Sozialpolitische Erfahrungen und Erinnerungen. M.-Gladbach 1925.

Berthelot, M., Die Betriebsräte in Deutschland. Mannhein/Berlin/Leipzig 1926.

Brauer, Th., Das Betriebsrätegesetz und die Gewerkschaften. Jena 1920.

Brentano, Lujo. Die Arbeitergilden der Gegenwart. Leipzig, I. Bd. 1871, II. Bd. 1872.

Brigl-Matthiaß, K., Das Betriebsräteproblem. Berlin und Leipzig 1926.

Christlicher Gewerkschaftsverlag, Der Betriebsrat in seiner praktischen Arbeit 1925.

Feig, I., Betriebsräte. Im Handwörterbuch der Staatswissenschaften. Jena. 4. Aufl. 1924, II. Bd., S. 625ff.

Freese, H., Die konstitutionelle Fabrik. Jena. 4. Aufl. 1922.

Gumpert, Fr., Die Bildungsbestrebungen der freien Gewerkschaften. Jena 1923.

Koch, H., Arbeiterausschüsse. M.-Gladbach 1907.
Lederer, E., Die sozialen Organisationen. Berlin 1922. 2. Aufl.
Lips, E., Die Entwicklung des modernen Rätegedankens. Heidelberg 1923.
Losovsky, Aufgaben und Entwicklung der Betriebsräte in Rußland. Leipzig 1920.
Nörpel, Cl., Aus der Betriebsrätepraxis. Berlin 1922.
Nörpel, Cl., Betriebsräte im Aufsichtsrat. Berlin 1922.
Oechelhaeuser, Über die Durchführung der sozialen Aufgaben im Verein der Anhaltischen Arbeitgeber. Berlin 1888.
Reichert, J., Entstehung, Bedeutung und Ziel der „Arbeitsgemeinschaft". Berlin 1919.
Schmoller, Gustav, Über Wesen und Verfassung der großen Unternehmungen. In: Zur Sozial- und Gewerbepolitik der Gegenwart. Leipzig 1890.
Seidel, R., Die Betriebsräteschule. Berlin 1924.
Sering, M., Arbeiterausschüsse in der Deutschen Industrie. Leipzig 1890.
v. Sybel, H., Geschichte der Revolutionszeit 1789/1795. Düsseldorf 1865/66. 3. Aufl.
Vogel, H., Die Betriebsräte. Russische Erfahrungen und deutsche Erwartungen. Nürnberg 1919.
Winschuh, J., Betriebsrat oder Gewerkschaft. Essen a. d. R. 1922.
Woldt, R., Betriebsräteschulung (Schriften der Gesellschaft für soziale Reform, Heft 74).
Woldt, R., Wirtschaftliche Schulungsarbeit und gewerkschaftliches Führertum. Leipzig 1921.
Zentralstelle für Volkswohlfahrt, Schriften, Heft 5: Aufgaben und Organisation der Fabrikwohlfahrtspflege in der Gegenwart. Berlin 1910.
Zilliacus, K., Revolution und Gegenrevolution in Rußland und Finnland. München 1922.

Das Betriebsrätegesetz und seine Einzelbestimmungen, vom Reichsverband der Deutschen Industrie und der Vereinigung der Deutschen Arbeitgeberverbände. (Für den Gebrauch der Industrie.)

---

Flatow, G., Kommentar zum Betriebsrätegesetz. Berlin 1921. 9. Aufl.
Stier-Somlo, Fr., Kommentar zum Betriebsrätegesetz. Berlin 1921.
Wölbling, P., L. Schultz, K. Sell, Betriebsrätegesetz. Berlin/Wien 1926.

---

Akademie der Arbeit in der Universität Frankfurt a. M., Mitteilungen I, als Manuskript gedruckt, zugleich Organ des „Vereins der Freunde und Förderer der Akademie der Arbeit".
Jahresberichte der Gewerbeaufsichtsbeamten (abgekürzt: Jahresber. d. Gew.Aufs.B.).
Geschäftsbericht für 1923 und 1924 der Vereinigung der Deutschen Arbeitgeberverbände.

Protokoll der Konferenz des Reichsbeirats der Betriebsräte und Vertreter größerer Konzerne der Metallindustrie vom 12./13. März 1926 in Leipzig.

Statistisches Jahrbuch für das Deutsche Reich.

Verhandlungen der Deutschen verfassunggebenden Reichsversammlung zu Frankfurt a. M. 1848/49. Frankfurt a. M. 1848/49.

Verfassunggebende Deutsche Nationalversammlung, Aktenstücke Nr. 928 und Nr. 1838.

Veröffentlichungen des Reichsverbandes der Deutschen Industrie.
Heft 7. Beratungen über den Gesetzentwurf über Betriebsräte. Berlin 1919.
Heft 9. Protestkundgebung der Deutschen Industrie gegen das Betriebsrätegesetz. Berlin 1920.

Vierteljahreshefte zur Statistik des Deutschen Reiches. 3. Heft 1925.

### *III. Zeitschriften*

(außer einigen nur einmal angezogenen Zeitschriften).

Die Arbeit, Zeitschrift für Gewerkschaftspolitik und Wirtschaftskunde.

Der Arbeitgeber.

Deutsche Handelswacht, Zeitschrift des Deutschnationalen Handlungsgehilfen-Verbandes.

Betriebsrätezeitung des Allgemeinen Deutschen Gewerkschaftsbundes.

Betriebsrätezeitschrift für die Funktionäre der Metallindustrie (abgekürzt: Betr.R.Zeitschr. Met.Ind.).

Gewerbe- und Kaufmannsgericht (abgekürzt: Gew. u. Kaufm.Ger.).

Gewerkschaftszeitung.

Korrespondenzblatt des Allgemeinen Deutschen Gewerkschaftsbundes.

Mitteilungsblatt des Schlichtungsausschusses Groß-Berlin.

Neue Zeitschrift für Arbeitsrecht (abgekürzt: N. Zeitschr. f. Arb.Recht).

Reichsarbeitsblatt.

Das Schlichtungswesen.

Soziale Praxis und Archiv für Volkswohlfahrt (abgekürzt: Soz. Prax.).

Sozialistische Monatshefte (abgekürzt: Soz. Mo.Hefte).

Vierteljahreshefte der Berliner Gewerkschaftsschule.

Wirtschaftliche Selbstverwaltung, Monatsschrift für die Mitglieder der Betriebsvertretungen und Mitteilungsblatt des Gewerkschaftsringes.

Zentralblatt der christlichen Gewerkschaften Deutschlands.

***Das Arbeitsrecht in der Praxis.*** Eine Halbjahresschau von Dr. jur. Fr. Goerrig. Bisher erschienen: Band I: Das Jahr 1924. 224 S. In Leinen M. 6.—
(8°) Band II: 1. Halbjahr 1925. 218 S. In Leinen M. 7.—
Band III: 2. Halbjahr 1925. 210 S. In Leinen M. 7.—
Band IV: 1. Halbjahr 1926. 256 S. In Leinen M. 7.—

***Die Rechtsprechung des Reichswirtschaftsgerichtes*** zur Verordnung über die schiedsgerichtliche Erhöhung von Preisen bei der Lieferung von elektrischer Arbeit, Gas und Leitungswasser. Vom 1. II. 1919 und 16. IV. 1922. Zusammengestellt von Dr. jur. Erich Riccius.
1. Sammlung: 130 Seiten. Gr. 8°. 1925. Brosch. M. 5.—
2. Folge: 150 Seiten. Gr. 8°. 1926. Brosch. M. 8.—

***Gesetz, betreffend die Sozialisierung der Elektrizitätswirtschaft*** vom 31. Dezember 1919. Nach amtlichen Quellen erläutert von Wilh. Coermann. 77 S. Kl. 8°. 1920. Geb. M. 1.—

***Die Schiedsgerichte in Industrie, Gewerbe und Handel.*** Ein Handbuch für Industrielle, Ingenieure und Kaufleute sowie für Studierende aller Fachrichtungen der technischen Hochschulen und der Handelshochschulen. Auf Grund langjähriger eigener Erfahrung verfaßt von Prof. Dr. phil. et jur. Julius Kollmann. 542 S. Gr. 8°. 1913.
Brosch. M. 11.—; geb. M. 12.50

***Leitfaden zur Einführung in das gesamte Versicherungswesen.*** Von H. v. Haag. 89 S. 8°. 1919. Brosch. M. 1.50

***Statistische Betriebsüberwachung.*** Anleitungen für eine betriebswirtschaftliche Arbeiter-, Lohn- und Leistungs-Statistik. Mit praktischen Beispielen aus einem Gießereibetrieb. Von Dr. Herbert Antoine. 91 S. 10 Schaubilder. Gr. 8°. 1927. Brosch. M. 5.—

***Leistungs- und Materialkontrolle nach dem Gantt-Verfahren.*** Von W. Clark. Übersetzt von I. M. Witte. 84 S. 8°. 1925. Brosch. M. 3.50

***Gewerbelehre.*** Organisation und Rechnungsführung in Gewerbebetrieben. Von Gustav Doden. 92 S. 7 Abb. 8°. 1920. Geb. M. 1.60

***Reklame, die lohnt ...!*** Von R. S. Durstine. Übersetzt und bearbeitet von I. M. Witte. 212 S. 38 Abb. 8°. 1926. In Leinen M. 7.50

***Die Einführung von Zeitstudien*** in einem Betrieb für Reihen- und Massenanfertigung der Metallindustrie. Von Dipl.-Ing. Otto Fahr. 157 S. 13 Abb. und 21 Beilagen im Anhang. 8°. 1922.
Brosch. M. 3.50; geb. M. 4.50

***Der Verwaltungsingenieur.*** Von Professor Dr. W. Franz. 166 S. 8°. 1908.
Brosch. M. 2.50

***Vereinheitlichung in der Industrie.*** Die geschichtliche Entwicklung, die bisherigen Ergebnisse, die technischen und wirtschaftlichen Grundlagen. Von Dipl.-Ing. Dr. Georg Garbotz. 224 S. 18 Abb. 8°. 1920.
Brosch. M. 3.—; geb. M. 4.20

***Rationalisierung der Selbstkosten in Fabrikbetrieben.*** Von R. Hamburger. 70 S. Gr. 8°. 1925. Brosch. M. 3.—

***Die Selbstkostenberechnung in der Eisengießerei.*** Von A. Lischka. 88 S. Gr. 8°. 1926. Brosch. M. 6.50

***Der eiserne Mann in der Industrie.*** Die soziale Bedeutung der automatischen Maschine. Von A. Pound. Übersetzt und bearbeitet von I. M. Witte. 132 S. 8°. 1925. Brosch. M. 3.60

***Werkaufbau.*** Ein Leitfaden für Betriebsaufbau und Organisation von städtischen und ähnlichen Werksbetrieben. Von B. Radtke. 71 S., 38 Abb., 1 farb. Tafel. 4°. Brosch. M. 6.50; in Leinen M. 8.50

***Verlustquellen in der Industrie.*** (Waste in Industry.) Berechtigter Auszug von I. M. Witte. 80 S. 8°. 1926. Brosch. M. 2.50

www.ingramcontent.com/pod-product-compliance
Lightning Source LLC
LaVergne TN
LVHW042247300926
849161LV00003B/502

* 9 7 8 3 4 8 6 7 5 5 4 2 8 *